D1176676

EL PRÍNCIPE: MAQUIAVELO

Nicolás Maquiavelo
Literatura Pública
José Sánchez Rojas (Traductor)

EL PRÍNCIPE: MAQUIAVELO
Nicolás Maquiavelo, Literatura Pública
José Sánchez Rojas (traductor)
ISBN 9798530687266
Edición de abril de 2023
Obra de dominio público
Derechos reservados de
maquetación y edición
CC Licencia Creative Commons
@literaturapublicaofiçial
literaturapublica@outlook.es
La portada ha sido diseñada usando imágenes
de Freepik.com, con recursos de rawpixel.com y
freepik
La difusión, reventa, o similares, del presente
documento solo puede llevarse a cabo con el
conocimiento y consentimiento del autor

ÍNDICE

AL MAGNÍFICO LORENZO DE MÉDICIS, HIJO DE PEDRO DE MÉDICIS

Los que quieren lograr la privanza de un príncipe suelen, por regla general, comenzar su tarea regalándole cosas de mérito, o sencillamente de gusto y pasatiempo: caballos, armas, telas de oro, joyas, piedras preciosas, objetos, en fin, dignos de su grandeza.

Queriendo yo ofrecer a Vuestra Magnificencia algún presente de mi adhesión, no he hallado, entre todo cuanto tengo, cosa de más valía ni de más precio que mi conocimiento de las hazañas de los grandes hombres, conocimiento que he atesorado, bien por una larga experiencia de los asuntos públicos de nuestra época, bien por el constante y no interrumpido estudio de la historia de la antigüedad.

En este librito que envío a Vuestra Magnificencia concreto, con atención y con cuidado, todas mis observaciones, y aunque tengo para mí que la obra no es digna de seros ofrecida, espero, no obstante, de vuestra gentileza que sea aceptada, considerando que no puedo haceros mejor regalo que el de procurar que aprendáis en poquísimo tiempo lo que yo he logrado saber en tantos años, después de muchas fatigas y peligros.

No visto este libro con elocuencia en las frases, ni pompa en las palabras, ni primor en el estilo. Calidades son éstas que no son de todos; pero yo he querido, además, que o mi libro no tenga mérito extrínseco alguno, o que le hagan agradable la gravedad del tema y la justeza de las observaciones. Y no quiero tampoco que se repute soberbia en hombre de tan humilde condición como la mía la osadía de dar reglas y de dictar normas conducta a los príncipes que rigen los Estados, porque así como los pintores desde el llano dibujan la montaña y desde el monte componen las perspectivas de los valles y parajes bajos, así creo que para conocerla naturaleza del pueblo hay que ser príncipe y para conocer la de los príncipes hay que ser plebeyo.

Acoja, pues. Vuestra Magnificencia este pequeño presente con la misma buena voluntad que pongo yo al enviárselo, que si lo lee atentamente verá en mí el deseo de que lleguéis a la grandeza que la fortuna y los altos méritos de vuestra persona prometen. Y si Vuestra Magnificencia, desde la altura en que se halla, desciende alguna vez su mirada hacia la humildad de mi persona, verá cuán míseramente sufro el grande y constante rigor de la mala ventura.

CAPÍTULO I. DE LAS CLASES DE PRINCIPADOS Y DE LOS MODOS POR QUE SE ADQUIEREN

Los Estados y soberanías que han tenido y que tienen autoridad sobre los hombres fueron y son repúblicas o principados. Y los principados se dividen en hereditarios con larga dinastía de príncipes, o nuevos. Y los nuevos son, o completamente nuevos, como lo fue Milán para Francisco Sforza, o miembros acoplados al Estado hereditario del príncipe que los adquiere, como el reino de Nápoles con relación al rey de España. Los Estados adquiridos de esta suerte los gobernaba antes un príncipe o gozaban de libertad. Y se adquieren con las armas ajenas, con las propias, por acaecimientos de fortuna o simplemente por valor y genio.

CAPÍTULO II. DE LOS PRÍNCIPES HEREDITARIOS

No he de discurrir ahora sobre las repúblicas por haber disertado sobre ellas ampliamente en otro lugar. Hablaré, pues, de los principados, y ateniéndome a la clasificación establecida, observaré cómo pueden gobernarse y conservarse.

Comenzaré diciendo que en los Estados hereditarios, acostumbrados de antiguo a la dinastía de sus príncipes, son mucho menores los inconvenientes para conservarlos que en los nuevos; basta sólo respetar la organización establecida por les antecesores y contemporizar con los acontecimientos, de suerte que si el príncipe tiene alguna habilidad, regirá siempre su Estado, salvo el caso de una extraordinaria y excesiva corriente de fuerza contraria que se lo impida; pero aun así desposeído, recobrará su Estado al primer quebranto de fortuna que padezca el usurpador. Ejemplo de ello es, en Italia, el duque de Ferrara, que aguantó los ataques de los venecianos en 1484, y del Papa Julio II en 1510, únicamente por su antigua soberanía en el ducado.

El príncipe hereditario tiene menos necesidad y motivo que el nuevo para vejar y molestar a sus súbditos; así, pues, debe ser amado por éstos, siendo natural y prudente que éstos le estimen si no se hace aborrecible por sus vicios. La antigüedad, la continuidad del dominio apaga los deseos y amortiguan los anhelos de la innovación, ya que toda mudanza labra los cimientos y marca los jalones para otros cambios.

CAPÍTULO III. DE LOS PRINCIPADOS MIXTOS

De suerte que los principados nuevos están erizados de dificultades. Y cuando no son completamente nuevos, sino cuerpos incorporados a otra soberanía, que por eso mismo puede llamarse mixta, las dificultades nacen sobre todo de una dificultad natural, común a todos los principados nuevos, porque creyendo mejorar los hombres cambian de señor, creencia que les hace empuñar las armas contra el gobernante, lo cual es un notorio engaño, porque la experiencia les dice luego que han empeorado su suerte.

Cosa que procede, si bien se mira, de esa necesidad completamente natural y ordinaria que obliga siempre al príncipe a vejar a sus vasallos nuevos, bien con la permanencia de tropas, bien con las molestias infinitas que lleva consigo la conquista. De modo que se truecan en enemigos todos aquellos a quienes lesiona en sus intereses la ocupación del principado, dejando, al mismo tiempo también, de ser amigos los que le dieron el señorío, porque no les es posible alcanzar las esperanzas que pusieron en él y porque el príncipe, aun estándoles reconocido, tiene que emplear contra ellos medidas de violencia, ya que, por poderoso que sea un ejército de que disponga un príncipe, necesita de la buena voluntad de los naturales para ocupar un Estado. Por eso, el rey de Francia Luis XII perdió el Estado de Milán con la misma rapidez con que lo había ganado, bastando para arrojarle de él los soldados de Luis Sforza, porque el príncipe nuevo se hizo odioso a los mismos pueblos que le habían abierto sus puertas de par en par, viendo burladas las esperanzas que habían puesto en el cambio de príncipe.

Cierto es, sin embargo, que conquistados por segunda vez los países que se rebelan, es más difícil perderlos luego, porque la rebelión da ocasión al señor para emplear sin escrúpulos los medios de asegurar su dominio, castigando a los que delinquen, vigilando a los sospechosos y atendiendo a fortificar y guarnecer los puestos más difíciles y descuidados. Así es que si para que perdiese Francia por primera vez el ducado de Milán bastó que el duque Sforza alborotase en las fronteras del ducado, fue preciso para perderlo la segunda que el duque recibiese el auxilio de todo el mundo para batir a los ejércitos franceses y arrojarlos de Italia. Diferencia que nace de las causas que ya expusimos.

Pero lo mismo la primera que la segunda vez Fue lanzado de Milán el nuevo señor. Como ya indicamos las causas generales por las cuales perdió el ducado la primera vez, tenemos que explicar ahora las que produjeron igual efecto la segunda, así como los remedios que tenía en su mano el rey francés—y tiene cualquiera que se hallare en el caso de este rey—para mantenerse en la tierra conquistada, sin perderla, como la perdió Francia en esta ocasión.

Los Estados que al ser conquistados se agregan a otro Estado antiguo del conquistador, o son de la misma comarca y de la misma lengua, o son de lengua y de comarca diferentes. En el primer caso se conservan muy fácilmente, sobre todo si no están acostumbrados a vivir en libertad. Para poseerlos con alguna seguridad, basta extinguir la dinastía de príncipes que tuvieron al frente de sus destinos; conservándoles en todo lo demás con arreglo a sus antiguas tradiciones y no imponiéndoles novedad alguna en las costumbres, saben vivir estos pueblos quietamente. Así ha sucedido, por lo visto, con Borgoña, Bretaña, Gascuña y Normandía, unidas a Francia desde hace tanto tiempo, pues aunque haya alguna diferencia en la lengua, las costumbres son muy parecidas y casan y conciertan fácilmente las de estos pueblos.

El que quiera y desee conservar esta clase de Estados necesita que se extinga la familia del antiguo príncipe y que no se alteren las leyes ni los tributos, para que los nuevos Estados, anexionados al antiguo, formen con éste una sola nación en breve espacio de tiempo.

Si se conquistan Estados en tina comarca distinta en lengua, costumbres y régimen, está erizada de dificultades la tarea de mantenerlos sujetos, habiendo necesidad de gran talento y de una habilísima y grandísima fortuna para conservarlos. Uno de los mejores y más hábiles procedimientos para lograrlo estriba, a buen seguro, en que el conquistador traslade su residencia a la tierra conquistada. De esta suerte será la conquista más segura y duradera. Así lo hizo el turco en Grecia, que, a pesar de todas las precauciones y habilidades puestas en juego para conservar dicho Estado, no lo hubiera conseguido si no acude a fijar sus tiendas en él. Porque viviendo en el país conquistado se ven nacer los desórdenes y se pueden remediar con toda diligencia; pero si no se vive en él, se conocen cuando ya han tomado alarmantes proporciones y no pueden acaso remediarse. Además, es muy difícil que puedan expoliar a la provincia sometida los gobernadores que en ella se nombren, porque si lo intentan, producirá grata impresión a los súbditos el hecho de poder apelar inmediatamente ante el príncipe del desafuero, con lo cual tendrán nuevas ocasiones para amarle, si es bueno, y si no lo es, para temerle. Hay que tener en cuenta, además, que la permanencia del conquistador en el pueblo conquistado impone también respeto a los extranjeros que pretendan ocuparle, tiendo, si vive en él, muy difícil que lo pierda.

Otro factor excelente para conservar los pueblos conquistados consiste en mandar colonias a una o dos plazas que sean llaves del Estado; de no hacerlo, hay que mantener en ellas numerosas tropas de a pie y de a caballo. No son costosas las colonias al príncipe; con escaso o con ningún estipendio puede enviarlas y mantenerlas, perjudicando sólo con ellas a los que priva de haciendas y de habitaciones, que son una exigua parte de la población indígena, para darlas a los nuevos moradores. Poco daño podrán hacer los desposeídos, porque se encontrarán dispersos y perjudicados, y los demás, por temor a ser expoliados como los otros, ya harán bastante con callar y con pasar de largo para no llamar la atención. Estas colonias, que cuestan poco, son fieles y no hacen daño, por regla general, y los perjudicados, sumidos en la pobreza y en el abandono, no pueden alzarse fácilmente. Debe ser norma de conducta la máxima de ganar a los hombres, o de anularles para que no nos causen daño, porque se vengan de las pequeñas ofensas, pero no pueden hacer lo mismo con las grandes; por eso, el agravio que se les haga debe ser de aquellos que no puedan vengar.

Si en lugar de colonias se mantiene un ejército de ocupación, el gasto es mayor, porque se invertirán las rentas del Estado en el sostenimiento de la fuerza armada, de modo que la conquista se resuelve en pérdida para el conquistador, y los inconvenientes y molestias de los ejercicios militares y alojamientos de las tropas llegan a los habitantes todos del territorio así ocupado, que se truecan en enemigos fácilmente por el hecho de vivir vencidos en sus casas. Estas razones prueban la inutilidad de la ocupación armada y proclaman las excelencias de las colonias.

Procure el poseedor de un territorio ocupado ser el jefe y el protector de los vecinos más débiles, que así empezará ingeniándose para debilitar a los más poderosos e impida a toda costa que intervenga en estos negocios de vecindad un extraño tan fuerte o más fuerte que él, porque entonces le llamarán los descontentos, oyendo las voces de la ambición o del miedo, como los etolios llamaron a los romanos a Grecia y como les llamaron también los habitantes de otras provincias donde entraron.

Cuando invade un país un extranjero poderoso, lo normal es que se pongan a las órdenes del invasor los Estados menos fuertes, por envidia al que antes dominaba, y que, sin gastos ni sacrificios, el extranjero conserve la adhesión de estos pequeños Estados que con la mejor voluntad formarán un solo organismo con el Estado conquistado. El conquistador en esta coyuntura cuidará únicamente de no consentir a éste que cobre mucha fuerza y gran autoridad, para que pueda, con sus propios medios y con el refuerzo de los pequeñas Estados, adheridos sin violencia y por voluntad, vencer a los poderosos y mantenerse dueño de todo el país. El que no haga esto perderá rápidamente las tierras conquistadas, aumentando hasta el infinito el cúmulo de obstáculos, de dificultades, mientras las mantiene en su poder.

No de otra suerte se condujeron los romanos en las provincias conquistadas: creaban colonias, protegían a los Estados débiles sin aumentar su influencia, amenguaban el prestigio de los poderosos y distaban mucho de consentir que en tales provincias ganara crédito ningún extranjero poderoso. Fijémonos en la provincia de Grecia: Allí empezaron apoyando a los aqueos y a los etolios, dominando después el reino de Macedonia y deponiendo finalmente a Antíoco, pero ni los merecimientos de los etolios y de los aqueos indujeron a los romanos a ensanchar los límites de los Estados de estos naturales, ni las insinuaciones de Filipo a tomarle por amigo sin disminuir su influencia ni el poder de Antíoco a consentir que en aquella provincia tuviese mando alguno. Los romanos hicieron entonces lo que debe hacer siempre todo príncipe prudente, esto es, no cuidar sólo de las dificultades presentes, sino de las venideras y del modo de abatirlas, porque vislumbrando las lejanas, no es difícil acudir a su remedio, y esperando a que ocurran, no llega a tiempo el bálsamo, por ser ya incurable la enfermedad. Ocurre con esto lo que dicen los médicos que ocurre con la tisis, que al principio es fácil de curar y difícil de conocer, y que, una vez conocida y no curada, cualquiera puede conocerla, pero ninguno remediarla.

Lo mismo ocurre con los asuntos de Estado. Si se prevén los peligros—previsión de prudentes—, se conjuran en seguida; pero si no se conocen y se dejan crecer sin que nadie se cure de ellos, no tienen remedio posible. Previsores los romanos, supieron conjurarlos antes de que aumentaran, aun afrontando guerras, pues sabían que las guerras no se evitan aplazándolas y que el aplazamiento aprovecha siempre al enemigo. Con Filipo y Antíoco pelearon en Grecia para no tener que luchar con ambos años después en Italia. Facilísimo les hubiera sido entonces evitar la guerra; pero no quisieron evitarla, ni hicieron caso de la máxima tan en boga entre los sabios de nuestros días de que conviene ganar tiempo, sino que atendieron a los consejos del valor y de la prudencia, porque el tiempo todo lo oculta y con él llegan lo mismo las prosperidades que las malandanzas.

Pero volvamos a Francia para ver si hizo algo semejante a Roma. No hablemos de Carlos VIII, sino de Luis XII, porque fue mayor la dominación de éste que la de aquél en Italia y nos presta más ocasión para estudiar sus procedimientos. Y veréis cómo hizo lo contrario de lo que aconsejaban las circunstancias para conservar un Estado distinto del suyo.

Los venecianos, con su ambición, trajeron a Italia al rey Luis, porque valiéndose del monarca francés, deseaban adquirir la mitad de la Lombardía. No es que yo censure la entrada del monarca ni las resoluciones que adoptó. Con el anhelo de sentar sus plantas en Italia, y careciendo en ella de partidarios y de amigos, se vio obligado a echar mano de la amistad que se le ofrecía. De no haberse equivocado en lo demás, tengo para mí que su empresa hubiera logrado el éxito más completo. Así que se ganó la Lombardía, pronto ganó el reino que Carlos había tontamente disipado. Al ceder los genoveses, hiciéronse amigos suyos el marqués de Mantua, el duque de Ferrara, los Bentivoglios de Bolonia y los señores de Faenza, Pésaro, Rímini, Camerino, Piombino, Luca, Pisa y Siena. Entonces se dio cuenta Venecia de lo temeraria que había sido su resolución de adquirir dos plazas en Lombardía a cambio de hacer dueño de las dos terceras partes de Italia al rey francés. Se comprende la facilidad con que el rey pudo conservar su dominación observando las normas a que nos hemos referido y tener seguros y bien defendidos a sus parciales, que por ser tantos y tan flacos, y que, temerosos unos del Papado y los otros de Venecia, tenían necesidad de apoyarse en él y le ayudaban a contrarrestar la presión de los Estados más fuertes.

Pero al llegar a Milán hizo lo contrario de lo que sus intereses le aconsejaban, pues ayudó al Papa Alejandro para que ocupase la Romaña, sin tener en cuenta que de esta laya debilitaba su influjo, privándose de los parciales y de los que le habían pedido protección, aumentando, al propio tiempo, la influencia de la Iglesia, añadiendo al poder espiritual, que la hacía tan poderosa, el poder temporal de un Estado tan importante. Cometida esta equivocación de tanta monta, se vio obligado a dar nuevos traspiés, hasta que, para contrarrestar la hegemonía de Alejandro e impedirle que se apoderara de la Toscana, tuvo que volver a Italia.

Y no le bastó hacer fuerte a la Iglesia privándose de parciales, sino que, deseando el reino de Nápoles, lo compartió con el rey de España, de modo que, siendo árbitro absoluto de Italia, metió en Italia a un rival para que en él se apoyaran los descontentos y los ambiciosos. E n vez de mantener en Nápoles un monarca tributario suyo, le echó de allí llamando a quien pudiera arrojarle a él. No hay que sepamos más natural ambición que la de adquirir, y cuando saben lograrla los hombres que tienen alientos para ser ambiciosos, son más dignos de alabanza que de vituperio; pero si ambicionan sin poder de ambición, a tontas y a locas, sigue a su error el desprestigio. Si el rey de Francia tenía capacidad para realizar la ocupación del reino de Nápoles con su propia fuerza, debió hacerlo; pero si no la tenía, lo natural es que no dividiera el reino. La división de la Lombardía con los venecianos tenía justificación porque daba lugar a su entrada en Italia; pero no la de Nápoles, ya que ningún motivo le impulsaba a ello.

Así es que el rey Luis cometió hasta cinco errores: aniquilar la influencia de los Estados pequeños, acrecentar el influjo de los Estados grandes, llevar a Italia un extranjero fuerte, no establecer en ella su corte y no fundar colonias, errores todos que acaso no hubieran perjudicado del todo a la hegemonía francesa, si el monarca no hubiera cometido el sexto error de bulto, que fue despojar de sus posesiones a los venecianos. No aumentando el poder de la Iglesia ni trayendo a los españoles a Italia, hubiera sido preciso y discreto humillar a los venecianos; pero haciendo lo que hizo, no debió consentir la ruina de éstos. Manteniéndose unidas y poderosas Francia y Venecia, siempre hubieran impedido a los demás la conquista de la Lombardía, porque ni Venecia hubiera consentido más poder que el suyo propio, ni nadie hubiera pretendido quitárselo a Francia para dárselo a Venecia, ni adversario alguno se hubiera visto asistido de los arrestos suficientes para combatir y luchar contra estos dos pueblos.

Y si se me dijera que el rey Luis cedió al Papa Alejandro VI la Romaña y a los españoles el reino de Nápoles para evitar tina guerra, responderé repitiendo lo que ya he dicho, de que no se debe permitir la continuación de un desorden para evitar una guerra, porque no se evita, sino que se dilata en detrimento del que la evita. Y el que alegara que el ofrecimiento del rey al Papa de ayudarle a la conquista de la Romaña fue debido al deseo de que el Pontífice no pusiera impedimento alguno a su matrimonio y diese el capelo cardenalicio al arzobispo de Rohán, ya verá mi respuesta en lo que luego diré de la fe de los príncipes y del modo cómo deben guardarla.

Así es que el rey Luis perdió la Lombardía por no observar ninguna de las normas que deben tener muy en cuenta cuantos conquistan provincias con el ánimo de conservarlas en su poder, cosa no maravillosa, sino muy ordinaria, natural y de todos los días. Sobre esto hablé en Nantes con Rohán cuando el duque Valentino—así llamaba el vulgo a César Borgia, hijo de Alejandro VE— ocupaba la Romaña. Díjome el cardenal de Rohán que los italianos no entendíamos de achaques de guerra y le repliqué que, a su vez, los franceses no entendían de asuntos de Estado, ya que si hubieran entendido no hubieran tolerado que el Papa hubiera llegado a tal grado de grandeza. La experiencia nos confirma que Francia tuvo la culpa de que aumentase en Italia el poder de la Santa Sede y de España, cosa que, inevitablemente, precipitó su ruina. De aquí se desprende una regla general que o no falla nunca o falla muy rara vez, como es la de que quien ayuda a otro a engrandecerse trabaja en daño propio, porque el apoyo se presta o con la habilidad o con la fuerza, medios ambos que infunden graves sospechas al que llega a ser fuerte y poderoso.

CAPÍTULO IV. POR QUÉ EL REINO DE DARÍO, CONQUISTADO POR ALEJANDRO, NO SE REBELÓ A LA MUERTE DE ÉSTE CONTRA SUS SUCESORES

Teniendo presentes las causas que impiden conservar una nación apenas conquistada, sorprenderá a muchos que el imperio de Asia, sometido en poco tiempo al poder de Alejandro Magno, y muerto éste a raíz de su conquista, no se alzase, como parecía natural al morirse el conquistador, sino que continuase bajo el cetro de los que le siguieron en el trono y sin más inconvenientes para ellos que los naturales que dependen de la ambición personal.

Pero diré que todos los principados de que habla la historia se han gobernado, o por un príncipe, siendo los demás habitantes siervos y escogiendo entre éstos libremente el soberano a los ministros que han de gobernar su Estado, o por un príncipe y una casta aristocrática, que por su antigua estirpe y no por concesión real ocupan una elevada posición en la sociedad. Estos grandes tienen Estados y vasallos propios que les reconocen y proclaman como soberanos, siéndoles fieles y devotos.

En los Estados donde solamente gobierna un príncipe y todos los demás son vasallos, tiene el príncipe la mayor autoridad, porque te dos Jos demás le diputan soberano; cuando acatan las órdenes de los demás es porque actúan de gobernadores o de ministros, pero no sienten por ellos la más pequeña estimación. Ejemplos de esta clase de gobiernos los encentramos actualmente en Francia y en Turquía. La monarquía de los turcos está bajo las riendas de un solo príncipe; todos los demás son vasallos, y dividido el reino en varias provincias, manda a ellas gobernadores que nombra y cambia a su arbitrio. Y el monarca francés, a su vez, está rodeado de muchos nobles que tienen fieles y obedientes vasallos, nobles con prerrogativas y privilegies de que no puede privarles el mismo monarca sin correr toda suerte de peligros. El que estudie a fondo estas dos formas de gobierno encontrará las más grandes dificultades si se propone conquistar el reino de los turcos; pero hay que convenir en que, una vez conquistado, tendrá toda suerte de facilidades para su conservación.

Las dificultades brotan de que no ha de esperar, naturalmente, el conquistador, ni que le llamen los sublevados, ni que se rebelen los magnates del reino para facilitar su empresa, por la especial contextura de tales Estados. Pues siendo todos los turcos esclavos sometidos a un señor, no es fácil corromperlos, y aunque los corrompiese, nada lograría con ello, porque el pueblo permanecería indiferente, según hemos expuesto ya. Para atacar a los turcos se precisa, según yo veo, buscar la ocasión de encontrarles unidos y compactos, procurando lograr el triunfo por el propio prestigio y no fiarlo en las divisiones del enemigo.

Y hay que derrotarlos y aniquilarlos hasta el punto de que no puedan tomar a poner en pie de guerra sus huestes; solamente así podrá prescindir el conquistador de la dinastía del príncipe. Extinguida ésta, nada habrá que temer después, porque los restantes magnates carecen de aquella fama en los pueblos que les haga deseables al vencedor antes de la victoria y temibles después de ella.

Cosa que no ocurre en Estados gobernados a la usanza del pueblo francés. Fácil es invadirlos contando con la asistencia de los nobles, ya que los hay descontentes del príncipe y amigos de cambios y mudanzas. Así es que pueden facilitar a la invasión y contribuir a la conquista, que únicamente se conservará venciendo los innumerables inconvenientes que desparramarán por el camino los aliados y los vencidos. Y no bastará extinguir la dinastía del príncipe, ya que los nobles conspirarán de continuo.

Y como de hecho no se puede contentarles ni acabar con ellos, no es cosa de perder la conquista por una causa de imprevisión o de imprudencia. Muy semejante al gobierno de los turcos parece, bien estudiado, el de Darío. Alejandro necesitó invadirlo y destrozarlo con todas sus huestes por todas partes para que no pudiera levantar cabeza; pero muerto Darío, quedó el reino en segura y pacífica posesión del conquistador. Si los sucesores se hubieran mantenido con la más perfecta unión, hubieran disfrutado pacíficamente del reine, porque en éste no se conocieron otros disturbios que los que fraguaron ellos mismos.

Los Estados organizados con arreglo al patrón francés no se poseen con tanta facilidad. Las continuas rebeliones que ponían en jaque a los romanos en España, en las Gallas y en Grecia, procedían de los muchos reyezuelos y caciques que había en estas provincias. Mientras vivieron fue en ellos harto difícil la dominación romana; pero así que se acabaron y olvidaron en la memoria de las gentes, el prestigia de los romanos y la continuidad de su imperio les hicieron dueñas tranquilos de estos territorios, hasta el punto de combatir y de luchar entre sí dentro de ellos y contar cada fracción con mayor o menor empuje, según la autoridad que había ejercido entre los dominados, pues habiendo desaparecido los antiguos señores territoriales, no obedecían mas que a los romanos. Fijándonos, por ende, en todo cuanto hemos dicho y discurrido, se comprenderá de qué manera tan sencilla retuvo Alejandro bajo su cetro el imperio de Asia y nos daremos cuenta de los inconvenientes con que tropezaron Pirro y los que no fueron Pirro para conservar sus conquistas, cosa que no debe atribuirse a la mayor o menor virtud,, capacidad y excelencias del conquistador, sino más bien al régimen de gobierno de los territorios o pueblos conquistados.

CAPÍTULO V. DEL MODO COMO HAN DE GOBERNARSE LAS CIUDADES O LOS PUEBLOS QUE ANTES DE CONQUISTASRTE SE REGÍAN POR LEYES PROPIAS.

Cuando los Estados que se adquieren están acostumbrados a vivir en libertad y a regirse por leyes propias, pueden conservarse de tres maneras. Es la primera, destruyéndolos. Es la segunda, trasladando a ellos la residencia. Y es la tercera, dejándolos que se gobiernen con sus propias leyes y organizando un gobierno de pocos gobernantes que lo mantengan fiel, ya que creada esta forma de gobierno por el príncipe, sabe que no puede existir sin su alianza y sin su poder, y hará todo cuanto esté en sus manos para conservar la adhesión. Tal es el medio mejor para lograr la dominación en una ciudad acostumbrada a un régimen liberal.

Los espartanos y los romanos nos ofrecen ejemplos de estos tres modos de conservar las conquistas. Los espartanos gobernaron en Atenas y en Tebas, creando, en cada tina de estas ciudades, un gobierno de pocos ciudadanos, a pesar de todo lo cual perdieron Tebas y Atenas. Los romanos, en cambio, destruyeron Capua, Cartagena y Numancia, para conservar la posesión de estas ciudades, pero no las perdieron. Y cuando quisieren gobernar Grecia del mismo modo que los espartanos, dejándola en libertad de regirse por sus leyes y estatutos, fracasaron en su empeño, viéndose obligados a destruir muchas ciudades griegas para conservar su imperio en ellas, porque tal es, en efecto, el modo más seguro de su posesión. E l que se apodere de una ciudad acostumbrada a vivir en medio de sus libertades y no se decida a destruirla, ha de esperar ser destruido por ella, pues siempre tendrá como enseña de rebelión las libertades y su antiguo régimen, que no podrán hacer olvidar ni los beneficios ni el transcurso de los años. Inténtese lo que se intente, y se tome la precaución que se tome, ni la libertad ni el régimen liberal se escapan de la memoria, de tal suerte que serán siempre la eterna aspiración. Aspiración que sintió Pisa después de estar sometida durante tanto tiempo a la dominación de Florencia.

Ahora, cuando la ciudad y la provincia están acostumbradas a vegetar bajo la dominación de un príncipe y su estirpe se extingue, habituadas a la obediencia y patrimonio del antiguo soberano, no saben ponerse de acuerdo para elegir un soberano nuevo, ni aciertan a vivir en libertad, de modo que hasta su pereza en acudir a la guerra permite a cualquier príncipe no solamente conquistarlas, sino conservarlas en su poder.

En las repúblicas advierto, por el contrario, más odio, más vida, más anhelo de venganza, y el recuerdo de la libertad perdida excita de tal modo su memoria, que el medio más seguro para el conquistador es, o conquistarlas, o trasladar a ellas su residencia.

CAPÍTULO VI. DE LOS ESTADOS QUE EL CONQUISTADOR ADQUIERE CON SU ESFUERZO Y SUS PROPIAS ARMAS

No se llame nadie a engaño si en lo que voy a decir de los principados enteramente nuevos, del príncipe y del Estado, me valgo de ejemplos de ilustres personajes, porque los hombres marchan por sendas que otros hombres abrieron e imitan a éstos casi siempre en su conducta; pero como no se anda todo el sendero ni se llega jamás a la altura del que se toma por ejemplo, las personas sensatas harán perfectamente en seguir hasta el final el camino de los grandes hombres, tan dignos de imitación, para parecérseles en algo, ya que no logren igualarse a ellos, haciendo lo que hacen los arqueros prudentes, que, cuando creen muy distante el punto de mira y conocen bien el alcance de su arco, apuntan a mayor altura, no precisamente para dar en el punto más alto del blanco, sino para tocar en él.

Advierto, por ende, que en los principados enteramente nuevos se encuentra el príncipe con más o menos inconvenientes para conservar su dominio, según los mayores o menores méritos del conquistador; y como el ascender de particular a príncipe supone ya talento o fortuna, tanto ésta como aquél sirven para anular muchos inconvenientes. Sin embargo, debe confesarse que los que no contaron demasiado con la fortuna conservaron su poder durante más tiempo; y uno de los medios mejores para conseguirlo estriba en que el príncipe se vea obligado, por no tener a mano otros Estados que regir, a habitar en el Estado recién adquirido.

Pero refiriéndome ahora a los príncipes que lo fueron por sus merecimientos y no por la fortuna, diré que los más notables son Moisés, Ciro, Rórrulo, Teseo y otros parecidos; y aunque de Moisés no debiera hablarse por ser mero ejecutor de los designios de Dios, merece que lo admiremos, puesto que Dios lo escogió para que ejecutase sus designios.

Si estudiamos con diligencia la conducta de Ciro, y con la de Ciro la de otros fundadores de reinos, advertiremos que es digna del mayor encomio, y que su conducta pública y privada se parece a la de Moisés, que tuvo tan gran maestro. Bien estudiadas la vida y la conducta de Ciro, se advertirá que la fortuna sólo tuvo parte en ellas para establecer la forma de gobierno que más le convenía a Ciro. Sin la ocasión, su talento y su virtud hubieran sido inútiles, y sin sus cualidades personales la ocasión no hubiera servido para nada.

Necesitó Moisés encontrar el pueblo de Israel esclavo y oprimido en Egipto, y que, anheloso de sacudir el yugo que le oprimía, decidiera seguirle. Le vino bien a Rómulo que nadie le criara en Alba y que todos le abandonaran al nacer para ser rey de Roma y fundador de aquella patria nueva. Se necesitaba que Ciro encontrase a Persa descontenta de la dominación de los medos, y a los medos, debilitados y quebrantados por una larga paz, Y no hubiese podido Teseo demostrar su valor de no haber encontrado dispersos a los atenienses. Ocasiones que proporcionaron a estes grandes hombres el éxito de sus empresas y que su genio aprovechó para hacer la felicidad y la prosperidad de su patria.

Los que por tales vías llegan a ser príncipes, conquistan difícilmente su principado, pero lo conservan con gran facilidad. Cosa que depende, en buena proporción, de los cambios, mudanzas y nuevas leyes que se ven obligados a establecer para fundamentar y afirmar su dominio. Debe tenerse en cuenta que no hay nada más difícil de realizar, ni de más escaso lucimiento, ni de mayor peligro también, que las grandes invasiones, porque el legislador tiene por enemigos a cuantos vivían ¡como el pez en el agua con el régimen anterior, y sólo encuentra tímidos defensores entre los favorecidos con el nuevo régimen, timidez que produce, en primer lugar, el miedo a los adversarios, que utilizan en su favor las antiguas leyes, y en segundo, por el ingénito recelo de los hombres, que no se convencen de que una cosa nueva es buena hasta que no se convencen experimentalmente. De aquí nace que los enemigos de todo cambio formen partido para combatirlo en cuanto hallan coyuntura favorable, mientras que los defensores defienden la mudanza con timidez, con cautela y sin comprometerse demasiado, de suerte que unos y otros ponen en peligro el régimen nuevo.

De modo que para tratar esta cuestión a fondo ha de examinarse si los innovadores lo son por propia iniciativa o porque cuentan con gentes que les guarden las espaldas; es decir, que, si para ejecutar su empresa, necesitan apelar a la persuasión o han de emplear en todo caso la fuerza, porque en el primer caso fracasarán siempre sin conseguir jamás cosa alguna. En cambio, si son independientes y pueden apelar a la fuerza, rara vez peligrarán. Téngase en cuenta que siempre han vencido los profetas armados y que siempre han fracasado los profetas inermes.

Pero además de estas razones, hay que contar con el carácter voluble de los pueblos; cosa difícil es persuadirles, pero difícilmente también persisten en el engaño, una vez convencidos. Así es que conviene organizarles de modo que cuando no crean en algo, tengan que creer en ello por la fuerza. Moisés, Ciro, Teseo y Rómulo no hubieran podido lograr sin armas que sus instituciones durasen mucho tiempo, como en nuestros días ha sucedido a Fray Jerónimo Savonarola, cuyas innovaciones fracasaron tan pronto como las gentes dieron en la flor de no creer en él por no tener a mano el fraile medios coercitivos para obligarla a persistir en sus opiniones, ni para hacer creer a los descreídos. Quienes pueden emplear tales medios tropezarán, indudablemente, en cada traspiés, con grandes dificultades y con peligros invencibles; pero cuando los superen y comiencen a hacerse respetar, luego de deshacerse de la casta de los envidiosos, serán poderosos, seguros, honrados y felices.

A los ejemplos de los grandes hombres de que he hecho mención añadiré el de uno no tan insigne, pero que tiene con los mencionados grandes rasgos de semejanza y que hace innecesarios otros cien ejemplos que pudiera aducir. Hablo del ciudadano de Siracusa, Hierón, que de simple particular llegó a ser príncipe de Siracusa y que no debió a la fortuna otra cosa que la ocasión. Oprimidos los de Siracusa, le eligieron capitán, y por sus méritos le elevaron a príncipe, siendo tan virtuoso, hasta en su vida privada, que cuantos le conocieron afirman que no le faltó para reinar más que el reino. Acabó con la milicia antigua, fundó la nueva, abandonó las viejas alianzas, pactó otras más convenientes, y como tuvo magníficos soldados y buenos amigos, edificó sobre tales cimientos con tal solidez que lo que supo adquirir con su gran trabajo pudo luego conservarlo sin el menor esfuerzo.

CAPÍTULO VII. DE LOS PRINCIPADOS NUEVOS QUE SE ADQUIEREN CON FUERZAS AJENAS OINCIDENTESDE BUENA FORTUNA.

Los particulares que llegan a príncipes por incidentes o acaecimientos de buena fortuna cuéstales poco trabajo subir, pero mucho mantenerse. Ascienden sin ningún obstáculo y llegan con presteza; pero, al llegar, empiezan las dificultades. Entre esos príncipes podemos contar a los que se da. un principado o por dinero o por favor de quien lo otorga. De esta casta de príncipes fueron los que Darío, para su seguridad y fama, puso en Grecia al frente de las ciudades de la Jonia y del Helesponto; tales fueron los particulares que subieron al trono imperial de Roma empujados por la corrupción de la soldadesca. Estos tales no se mantienen sino por la voluntad y la fortuna de los que les elevan; voluntad y fortuna que son dos fundamentos instables y fugaces. Y no saben y no pueden sostener su rango: no saben, porque, si no son hombres de genio y hombres de valor, no es probable que sepan mandar, ya que siempre han vivido como particulares, y no pueden, porque carecen de fuerzas que les sean amigas y aliadas. Además, los Estados que se organizan rápidamente, como todas las cosas de la naturaleza que nacen y crecen de pronto, arraigan y se consolidan apenas hasta que sopla el primer viento contrario, a no ser, como he dicho, cuando los que súbitamente llegan a ser príncipes tienen prendas personales tan estimables que súbitamente adquieren también destreza para conservar lo que la fortuna ha puesto en sus manos, y a condición de que después de ser príncipes busquen y hallen los fundamentos que otros procuran adquirir antes de llegar a serlo.

De estas dos maneras de llegar a ser príncipes, o por genio, o por fortuna, citaré dos ejemplos de nuestros días: los de Francisco Sforza y César Borgia. E l primero, por medios legítimos y con una sorprendente habilidad, llegó a ser duque de Milán, conservando con muy pocos esfuerzos el ducado que con mil trabajos había conseguido. César Borgia, llamado vulgarmente el duque Valentino, conquistó la Romaña por la posición de su padre, perdiéndola cuando su padre murió, a pesar de haber empleado todos los medios y de haber hecho todas las cosas que puede hacer un hombre prudente en la dominación del Estado que las armas y la fortuna le habían hecho adquirir. Porque, como antes hemos dicho, quien no afirma previamente los fundamentos de su autoridad, podrá afirmarlos luego si tiene gran ingenio para lograrlo, pero no sin trabajo para el arquitecto y sin peligro para la finca. Si examinamos la conducta del duque, veremos que puso a su poder futuro los más sólidos cimientos, y no es ocioso examinarla, porque tengo para mí que la imitación de los actos del duque son los mejores preceptos y normas que pueden aconsejarse a un príncipe nuevo. Si fracasó en la empresa no fue por culpa suya, sino por extraordinaria y aguda animadversión de la fortuna.

Para hacer a su hijo soberano en Italia luchaba Alejandro VI con grandes dificultades de presento y para lo futuro. No podía darle, ante todo, señorío en Estado alguno que no estuviera sometido a la Iglesia, porque si le daba alguno de los que no estuvieran bajo la jurisdicción de la Santa Sede sabía que no se lo consentirían ni el duque de Milán ni los venecianos, porque hasta Faenza y Rímini estaba ya bajo la protección de éstos. Los grandes ejércitos de Italia, y especialmente aquellos de que podía servirse, estaban en manos de los que temían su engrandecimiento, no siendo posible fiar de ellos, puesto que los mandaban los Orsini, los Colonna y sus partidarios. Era, por lo tanto, preciso para lograr la dominación de algunos Estados italianos acabar con aquel orden de cosas, alterando al mismo tiempo la fisonomía de éstos, tarea nada fácil, puesto que los venecianos, movidos por otras ambiciones, habían traído nuevamente los franceses a Italia, cosa que facilitó, anulando el primer matrimonio del rey Luis, en lugar de impedirlo. Pasó, por ende, este monarca, a Italia con el auxilio de la república veneciana y con el consentimiento de Alejandro, y apenas llegó a Milán dio tropas al Papa para la conquista de la Romaña, cosa que pudo suceder por la fama de que venían precedidos los ejércitos franceses. Conquistó César Borgia la Romaña venciendo a los Colonna; pero tropezaba con dos dificultades para conservar y extender sus conquistas: una estriba en la poca confianza que le merecían sus tropas, y la segunda dificultad consistía en la voluntad de Francia, porque temía que los Orsini, a los que había utilizado, le fallaran y dejaran solo en los momentos de apuro, no sólo impidiéndole proseguir las tierras conquistadas, sino quitándole lo conquistado, recelo que también le cabía con relación al monarca francés. Así es que comenzó a sospechar de los Orsini, cuando atacó a Bolonia, después de la toma de Faenza, por lo livianamente que le ayudaron en este hecho de armas, teniendo que dudar necesariamente de las intenciones del rey, cuando después de apoderarse del ducado de Urbino invadió la Toscana, de cuya empresa le hizo desistir Luis XII; a s í es que determinó no depender, en lo sucesivo, de la suerte ajena y de las ajenas armas.

Comenzó debilitando los partidos de los Orsini y de los Colonna en Roma, atrayendo a su causa a los nobles que militaban en estos bandos, dándoles dinero, honores o cargos según la condición de cada uno, logrando de esta laya, que, a los pocos meses, olvidando sus antiguas relaciones, fueran completamente fieles al duque. Luego esperó con paciencia el momento de rematar a los Orsini, ocasión que llegó con toda oportunidad y que aprovechó a maravilla, porque entendiendo un poco tarde los Orsini que la alianza del duque y de la Iglesia les llevaría a la ruina, celebraron una junta en Magione del Perusino, de la cual resultaron el alzamiento de Urbino, los disturbios de la Romaña y un enjambre de peligros para el duque, que éste pudo domeñar con auxilio de los franceses. Libre de tales obstáculos, no quiso el duque Valentino fiarse de las tropas francesas ni de ninguna otra fuerza extraña, y para no arriesgar cosa alguna acudió a la astucia, disimulando de tal modo sus propósitos, que los Orsini se reconciliaron con él, por mediación de Pablo, a quien para ganarlo obsequió con toda clase de presentes, regalándole vestidos, dineros y caballos, siendo los demás tan torpes que acudieron a ponerse en sus manos en Sinigaglia. Acabando con estos cabecillas y trocados sus parciales en amigos y devotos del duque, afianzó éste su poder, teniendo toda la Romaña en el ducado de Urbino y procurándose la benevolencia de todos aquellos pueblos que gozaban la excelencia de ser bien gobernados. No pasaré en silencio esta particularidad, por ser digna de conocimiento y de meditación.

Cuando César Borgia se apoderó de la Romaña, estaba gobernada por un enjambre de pequeños príncipes, más atentos al robo de sus vasallos que a su gobierno; trató, pues, de desunirlos, no dejándoles vivir en paz. Así es que abundaban los latrocinios y estaban infectadas aquellas provincias de bandas de forajidos, que se entregaban a los mayores excesos. Juzgó, pues, necesario el duque establecer un gobierno fuerte con objeto de restablecer el orden y someterlo a su autoridad, nombrando gobernador a Ramiro d'Orco, hombre cruel y resuelto, a quien dio plenas facultades. Este gobernador pacificó la Romaña en pocos meses, concilió y amigó los partidos, adquiriendo justa fama por sus dotes. Después juzgó el duque que una autoridad tan amplia sería completamente estéril porque sospechaba que llegaría a ser odiosa, y formó un tribunal de carácter civil en el seno de la provincia, presidido por un personaje de gran reputación, y al cual debía enviar cada ciudad su procurador o letrado. Imaginando por otra parte el duque Valentino que la rigidez de antaño le hubiera concitado odios de sus vasallos, quiso probar, para sincerarse con ellos y ganarse su beneplácito, que de las crueldades cometidas no tuvo él la culpa, sino que el culpable fue su ministro por la dureza de su carácter. Y aprovechó para ello la primera coyuntura favorable que se le presentó, mandando una mañana desollar de arriba abajo el cuerpo de Ramiro, exponiéndole colgado de un garfio junto a un cuchillo lleno de sangre, en la plaza de Cesena. El horror de este espectáculo satisfizo y llenó de espanto, a la vez, a aquellos pueblos.

Tomemos, sin embargo, a nuestro tema. Siendo ya el duque un señor bastante poderoso y estando al abrigo de sorpresas inminentes por contar con tropas que lo eran personalmente adictas y haber acabado con los que se dedicaban a molestarle en las fronteras de su Estado, quedábale, si quería continuar ensanchando sus dominios, mirar de igual a igual al rey de Francia, porque de sobra comprendía este soberano que ya no le era posible intentar nuevas incursiones de anexión y de conquista.

Y comenzó buscando y pactando nuevas alianzas, mostrándose vacilante con relación a los franceses, cuando éstos llegaron al reino de Nápoles para combatir a los españoles que estaban poniendo cerco a la ciudad de Gaeta. Quería hacerse fuerte contra ellos, cosa que hubiera logrado a buen seguro, de no haber muerto su padre, el Pontífice Alejandro VI.

Tal fue la conducta de César Borgia con relación a los asuntos presentes. Por lo que respecta a los futuros, temió que el sucesor en la Sede Apostólica de su padre no fuera amigo suyo y le quitase lo que su padre le había dado. Para ello hizo frente al peligro que creía avecinársele de cuatro modos. El primero consistía en extinguir las generaciones de los señores a los que había desposeído de sus Estados, con lo que le quitaba al nuevo Pontífice el pretexto de desposeerle a él. El segundo consistía en atraer a su fracción a todos los nobles de Roma para dominar por este conducto al Pontífice. El tercero estribaba en buscarse en el Colegio Cardenalicio el mayor número de adeptos, y el cuarto en extender de modo tan singular el número y la calidad de sus Estados, que, antes de fallecer el Papa Alejandro, le encontrara propicio a recibir los primeros ataques del enemigo.

Al morir el Papa, había logrado las tres cosas primeras, pero le faltaba la cuarta. En efecto, consiguió acabar con todos los señores y príncipes desposeídos por él de sus Estados que había hallado a mano, logró que los nobles de Roma le fueran fieles y devoto^ y se las arregló de modo que una gran parte del Colegio Romano siguió sus inspiraciones. Y proyectaba asimismo hacerse señor de la Toscana, a base de nuevas conquistas, siendo ya dueño de Perusa y Piombino y logrando, por otra parte, tener bajo su yugo a Pisa.

Y no teniendo ya que temer nada de Francia (porque los españoles habían arrojado a los franceses del reino de Nápoles, de modo que los dos pueblos, el español y el francés, se veían en el trance de tener que solicitar su amparo) ocuparía a Pisa, porque así se le rendirían a renglón seguido Luca y Siena, en parte por miedo y en parte por envidia a los florentinos. De esta guisa los florentinos no estaban en situación de defenderse. En cuanto estas empresas marchasen adelante (y comenzaban a marchar adelante el año en que murió Alejandro VI) adquiriría tal poderío y tal prestigio que hubiera logrado vencer, no con el concurso de la buena ventura de los demás, sino contando únicamente con sus medios personales.

Alejandro VI murió a los cinco años justos de encontrarse guerreando su hijo César, dejándole bien consolidado solamente el territorio de la Romaña, pero con las demás conquistas en el aire, entre dos poderosos ejércitos enemigos, y teniendo que sucumbir ante una dolencia, mortal de necesidad. Pero era el duque tan valeroso y tan astuto, conocía tan bien a los hombres que había de ganar o había de tener enfrente, y supo asentar su dominio sobre bases tan firmes en tan poco tiempo, que de haber gozado de salud y a no haber tenido frente a sus planes la fuerza de dos ejércitos adversarios, tengo para mí que hubiera vencido todas las dificultades que le salían al paso.

Ya se vio, al esperarle la Romaña más de un mes, que no eran flacos los cimientos de su dominio; que en Roma, aunque estaba medio muerto, permanecía seguro, y que los Baglioni, Vitelle y Orsini no encontraron gentes que alzaran sus armas frente a César. Y si no pudo hacer que fuera elegido Papa quien él quería, logró al menos que dejara de serlo quien él no deseaba que lo fuera. Si la muerte de Alejandro V I le hubiera cogido con buena salud, todo le hubiera salido según sus propósitos. El mismo César me dijo el día de la elección de Julio II que tenía previsto todo cuanto pudiera suceder al fallecimiento de su padre, y que todo había podido remediarlo. No pudo imaginar, no obstante, que se encontraba moribundo al fallecer su padre.

No me atrevo a censurar ninguno de los actos del duque porque los conozco; antes bien, me atrevo a proponerlo como modelo de los príncipes que llegan al poder por la fortuna ajena y por las ajenas armas.

Tuvo César grande aliento, tuvo nobles intenciones, y no podía conducirse de otro modo de cómo se produjo, siendo obstáculo solamente para que coronase sus planes la brevedad de la vida de Alejandro y el que ocurriese el fallecimiento del Pontífice cuando César estaba gravemente enfermo. Y quien juzgue que le es preciso en su principado nuevo ponerse a buen recaudo de los adversarios, ganarse amigos, bien por la astucia, bien por la violencia, hacerse amar o temer por los pueblos, lograr que los soldados le sigan y respeten, reformar el régimen viejo con flamantes modificaciones, ser severo y agradecido, magnánimo y liberal, destruir las tropas desleales, crear nuevos ejércitos y conservar la amistad de príncipes y de reyes, hasta el extremo que deseen llenarle de beneficios y teman jugarle una mala partida, no encontrará mejor ejemplo que el que ofrece César Borgia con sus actos de gobierno.

Tal vez haya que acusarle por no haber sabido elegir mejor con motivo del nombramiento de Julio II. Ya he dicho antes que no pudiendo elegir Papa a su gusto, pudo evitar y supo evitar, al menos, que fuese elegido un adversario suyo. Pero no debió consentir que recayese la elección en ninguno de los cardenales que él había ofendido, para que al llegar al Pontificado no siguiera temiéndole, porque sabido es que los hombres solamente ofenden por odio o por miedo. Los cardenales que César había ofendido eran, entre otros, los cardenales de San Pedro Advíncula, Colonna, San Jorge y Ascanio.

Todos los demás que llegasen al solio pontificio habían de temerle necesariamente, a excepción de Rohán y de los españoles. Los españoles por parentesco y porque no podían olvidar los servicios que les había prestado César; Rohán por su poder, toda vez que le guardaban los franceses las espaldas. Por eso el duque debió procurar a toda costa que fuera elegido Papa un cardenal español, y si esto no era posible, haber conseguido que lo hubiera sido Rohán antes que el cardenal de San Pedro Advincula. Porque se engaña el que suponga que, entre altos personajes, los favores recientes hacen olvidar los disfavores pasados. La ruina definitiva de César Borgia consistió en haberse equivocado completamente en esta elección.

CAPÍTULO VIII. DE LOS QUE HAN LLEGADO A PRÍNCIPES COMETIENDO MALDADES

Como los particulares pueden llegar a príncipes por dos caminos bien diferentes, independientemente de la fortuna o del mérito que tengan, he de discurrir aquí acerca de tales caminos, aunque el examen de uno de ellos debe hacerse con más detenimiento al tratar de las Repúblicas. Y estos dos caminos consisten en que un príncipe llegue a serlo cometiendo alguna maldad, o que consiga el principado un simple súbdito encaramándose sobre el apoyo de sus conciudadanos.

Y hablando del primer camino citaré dos ejemplos, uno antiguo y otro moderno, sin glosarlos apenas, porque la referencia ya es un juicio para el que se proponga imitarlos. Así el siciliano Agatocles no solamente pertenecía a la plebe, sino que era de la casta más ínfima y abyecta, a pesar de lo cual llegó a ser rey de Siracusa. Hijo de un alfarero, fue toda su vida un pillo, pero con tal fortaleza de espíritu y aun de cuerpo, que de simple soldado llegó, por medio de ascensos y recompensas, a trocarse en pretor de Siracusa.

Siendo pretor, estando resuelto a ser príncipe empleando procedimientos violentos y sin que t u viera que agradecer para maldita la cosa las recompensas que todos sus conciudadanos se habían apresurado a concederle, comunicó sus deseos al cartaginés Amílcar, que estaba con las tropas en Sicilia. Convocó una mañana al Senado y al pueblo de Siracusa, diciéndoles que trataría con ellos de asuntos atañederos a la república, ordenando que los soldados, a una señal convenida, asesinasen a los senadores y a los varones más ricos de la ciudad. Con estos asesinatos se apoderó de la soberanía y ejerció de príncipe sin ninguna otra lucha civil. Los cartagineses le derrotaron hasta dos veces y además de derrotarle le sitiaron, pero a pesar de ello no sólo pudo defender su ciudad, sino que, dividiendo su ejército y dejando parte de él en ésta, trasladó otra parte a África, librando del sitio a Siracusa y cercando a los cartagineses de toda clase de inconvenientes, porque, al f in y a la postre, éstos se vieron obligados a firmar la paz con Agatocles, conformándose con el disfrute de África y dejándole a él el de Sicilia.

La fortuna nada tiene que ver, por consiguiente, si estudiamos a fondo la vida y el esfuerzo de Agatocles. Si llegó a la soberanía, no fue por el favor, sino ascendiendo en las escalas de la milicia, según antes digo, con toda suerte de trabajos y de peligros, conservando el principado entre las luchas más horribles y dando cima a las más arriesgadas empresas.

No es que llame yo virtud al asesinato de los conciudadanos, a la traición de los amigos, ni a la carencia de la piedad, de la buena fe y de la religión, condiciones con las que puede conquistarse la soberanía, pero de ningún modo lograr la gloria. No se puede considerar a Agatocles inferior a ningún gran capitán si tenemos en cuenta su denuedo para hacer frente a los peligros, la habilidad desplegada en sortearlos y su grandeza de ánimo para vencer y vencer las calamidades, aunque su desenfrenada crueldad, su absoluta carencia de moral y sus infinitas perversidades nos veden que le incluyamos en el catálogo de los grandes hombres. No tratamos, por lo expuesto, de achacar a la virtud o a la fortuna lo que sin fortuna y sin virtud supo conseguir Agatocles.

En la época que vivimos, y durante el pontificado de Alejandro VI, quedó huérfano desde muy niño Oliverotto de Formo, criándolo y educándolo Juan

Fogliani, hermano de su madre. Desde hoy joven consagrose a la carrera militar a las órdenes de Pablo Vitelli, con el ansia de aprender el arte de la guerra y conseguir en la milicia un excelente grado. Al morir Pablo, entró Oliverotto al servicio de su hermano Vitellozzo, y en muy pocos años, gracias a su valentía y a su ingenio, llegó a ser uno de los mejores capitanes de su ejército. No estaba, sin embargo, muy de acuerdo en ponerse a las órdenes de otra persona atesorando tan excelentes cualidades. Así es que proyectó, contando con el auxilio de algunos ciudadanos de Fermo más amigos de la servidumbre que de la libertad, y con el apoyo de Vitellozzo, apoderarse de Fermo. Y escribió a Juan Fogliani, diciéndole que llevaba muchos años fuera del hogar y que quería volver a él, pasear de nuevo en su ciudad y hacerse cargo de su patrimonio, ya que habiendo laborado tanto para conquistar honras, a f in de probar a sus conciudadanos que no había perdido sus horas, quería ir pomposamente acompañado y escoltado de cien caballeros, amigos y parciales suyos, logrando que procurase que los habitantes de Fermo les recibieran con toda magnificencia, honrando así a preceptor y a discípulo, puesto que Juan Fogliani le había educado a él en el ejercicio y manejo de las armas.

Siguió Juan Fogliani las indicaciones de Oliverotto. su sobrino, al que recibieron con toda solemnidad en Fermo, alojándole en su palacio. Pasadas veinticuatro horas, que se emplearon en preparar todo lo concerniente a la maldad que abrigaba en su pecho, convidó a un banquete a Juan Fogliani y a todos los principales señores de Ferino. Terminado el festín y los entretenimientos anejos a esta clase de fiestas, Oliverotto disertó sobre un tema de gran trascendencia, discurriendo sobre la grandeza del Papa Alejandro, de su hijo César y de las empresas de ambos. Juan y los demás convidados respondían a sus argumentos, cuando Oliverotto se levantó de improviso para sugerir que semejante conversación era para sostenerse con más secreto y reserva, encaminándose acto seguido a otra estancia, seguido de Juan y de los otros huéspedes. Y así que tomaron éstos asiento, unos soldados que había ocultos en la pieza asesinaron a Juan y a los demás. En seguida montó Oliverotto en su caballo, corrió la ciudad y situó es su palacio al supremo magistrado de ella. Todos le obedecieron por miedo, organizó un gobierno e hizo su proclamación de príncipe. Como había hecho asesinar a todos cuantos podían estar disconformes con él y a cuantos podían levantar armas, aseguró su poder con nuevas leyes civiles y militares, y durante el año que actuó como príncipe no solamente vivió seguro en su ciudad de Ferno, sino que consiguió hacerse respetar de todos sus vecinos. Y no le hieran expulsado tal vez de Fermo, como no le expulsaron a Agatóeles de Siracusa, si no se hubiera dejado engañar por César Borgia, cuando se apoderó de los Orsini y de los Vitelli en Sinigaglia, según hemos referí' do más atrás. En Sinigaglia, al año de cometido el parricidio, fue estrangulado al lado de Vitellozzo, su maestro en el arte de la maldad y de la guerra.

Chocará a muchos el que Agatocles y otros tan malos como él, después de haber cometido tantas infamias y perversidades, hayan podido vivir durante muchos años tranquilos en sus ciudades, defendiéndose de los enemigos de fuera, sin que sus conciudadanos conspirasen, como era natural, contra ellos. Y les extrañará también el hecho de que príncipes nuevos, que fueron crueles, no pudieran por su crueldad conservar su poder en épocas relativamente pacíficas, cuanto más en los tiempos azarosos de guerra. Cosa que depende, después de todo, del buen empleo o del mal empleo que se haga do la maldad. Diría que se hace buen empleo de la maldad—si es que puede llamarse bueno a lo que es malo por su naturaleza intrínseca—cuando se emplea por una sola vez con objeto de afianzar y cimentar el dominio, y después no se repite, procurando, al mismo tiempo, que la maldad de que se ha usado se convierta en un instrumento útil para el pueblo. Y digo que está mal empleada aquella maldad que, no teniendo gran importancia en sus comienzos, va después aumentando en lugar de desaparecer. Los que usen del primer género de maldad pueden esperar que Dios y los hombres les perdonen, como le aconteció a Agatocles; los otros no sé de qué modo han de valerse para continuar en el poder.

Así es que el usurpador de un Estado ha de procurar hacer todas las maldades de una sola vez para que no se halle en sazón de repetirlas, pudiendo, sin ellas, congraciarse con los hombres y repartir sobre ellos todo linaje de beneficios. El que, tímidamente, o por estar mal aconsejado, obre de otro modo, necesitará vivir continuamente con el cuchillo en la diestra, sin que pueda confiar para maldita la cosa en sus vasallos, toda vez que éstos, hechos a las continuas y recientes ofensas, no han de tener seguridad alguna en ese príncipe. Háganse de una vez todas las ofensas, que no hieren demasiado si no tornan a repetirse. En cuanto a los beneficios, es mucho más lógico hacerlos poco a poco, que hechos poco a poco se saborean mejor. El príncipe ha de procurar vivir con sus vasallos de tal modo que ningún acaecimiento próspero o adverso le haga cambiar de conducta. Hay que tener en cuenta que para obrar mal no hay coyuntura posible por mucho que busquemos esa coyuntura; mas si el cambio consiste en obrar bien, no aprovecha, porque juzgando las gentes que tal cambio es impuesto, no saben, en rigor, agradecerlo.

CAPÍTULO IX. DE LOS PRINCIPADOS CIVILES

Un ciudadano puede llegar a príncipe, sin maldad ni violencia algunas, por medio del favor y de la asistencia de sus conciudadanos. A este principado se le conoce por el nombre de principado civil.

Para conseguirlo no creo que haga falta gran fortuna ni verdadero genio, sino, ciertamente, una maravillosa astucia. Se alcanza, bien por el favor del pueblo, bien por el favor de los magnates, puesto que en todas las ciudades hay siempre dos tendencias que tienen su origen, ora en que el pueblo rechaza la opresión de los poderosos, ora en que los poderosos se proponen dominar al pueblo. Estas dos tendencias producen uno de estos tres resultados: el principado, la libertad o el libertinaje. El principado lo fundan el pueblo o la nobleza, según la ocasión de que disponga cada uno de estos dos bandos, pues si los magnates no pueden domeñar al pueblo, acrecientan el prestigio de cualquiera de los suyos para que a su sombra puedan satisfacer mejor sus deseos de dominio. Y el pueblo, cuando advierte que no puede contra la nobleza y algún ciudadano logra sobresalir de entre los sayos, lo elige príncipe, para que con esta autoridad sepa defenderlo.

El que logra el principado con el auxilio de los nobles se mantiene en el poder con más dificultades de las que experimenta el que es príncipe por la voluntad popular, porque el primero está rodeado de nobles, todos los cuales se creen iguales a él, quitándole la libertad de acción y de mando. En cambio, el que llega a príncipe por el favor del pueblo se encuentra solo en el poder, y son muy raros o no es nadie los que no quieren obedecerle. Hay que tener en cuenta además que las aspiraciones de la nobleza se logran casi siempre a costa del daño ajeno y que las del pueblo no suelen dañar a ninguno, ya que los propósitos del pueblo son más honrados que los de la nobleza, porque la nobleza encamina sus pasos a establecer la tiranía, y la finalidad del pueblo es extirparla donde la encuentra. El príncipe no puede nunca, además, estar muy seguro contra el pueblo porque son muchos los que lo forman, y sí puede estar seguro contra los nobles, porque hay pocos nobles. Lo peor que le puede acontecer a un príncipe que no quiera el pueblo es que el pueblo le abandone; mas de los nobles ha de precaverse el príncipe también, porque son de temer no solamente si le aíslan, sino si le combaten, por la sencilla razón de que constituyen una casta más ilustrada y astuta, saben preparar las cosas para salvarse siempre y obtienen ventajas del que esperan que haya de salir vencedor.

Y no debe olvidar el príncipe que tiene siempre que vivir con el mismo pueblo, aunque no con la misma grandeza, porque puede todos los días hacer y deshacerlos, dales elevada posición o quitársela, a medida de su gusto. Aclararé y ampliaré este particular sugiriendo que los nobles deben considerarse principalmente desde el punto de vista en virtud del cual su proceder demuestre o no completa adhesión al príncipe. Los amigos, si no son ladrones, deben ser respetados y protegidos. Pero a los adversarios hay que dividirlos en dos grupos. Si son adversarios por timidez y flaqueza de carácter, sírvete de ellos, sobre todo si son buenos consejeros, porque te honrarán en la prosperidad y en la adversidad no sabrán ser temibles. Pero si no son adictos por ambición y por cálculo, indicio de que piensan en ellos más que en ti, guárdate, príncipe, de ellos, y tenlos por enemigos declarados, porque en tus horas de malandanza contribuirán eficazmente a t u ruina.

El que llega a príncipe por el favor popular debe conservar la amistad del pueblo, lo que no es difícil, porque al pueblo sólo le importa verdaderamente que no le opriman. Del que llega a príncipe contra los deseos populares, y sólo con el apoyo de los nobles ha alcanzado su principado, debe procurar ganarse aprisa el favor popular, empresa que logrará fácilmente en cuanto proteja al pueblo.

Y así como los hombres son más agradecidos al que le dispensa bienes cuando de él no los esperaba, así el pueblo es más fiel al príncipe que lo proteja aunque no haya sido él quien le haya elevado al principado. E l príncipe puede ganarse la voluntad del pueblo de muy diversos modos, que varían según las circunstancias. Teniéndolas en cuenta, no me atrevo a dar normas fijas sobre el particular. El cariño del pueblo es, en conclusión, absolutamente necesario para el príncipe, ya que es el único recurso que le queda en la adversidad. Cuando Vabis, el rey de Esparta, hizo frente a la agresión de toda Grecia y de un formidable ejército romano, defendiendo su trono y su pueblo contra ambos adversarios, le bastó para ello poner a buen recaudo a unos cuantos ciudadanos, recurso que hubiera sido estéril de todo punto si no hubiera contado con el concurso popular.

El que afirme, en contradicción con mi tesis, que apoyarse en el pueblo es lo mismo que sostenerse en el légamo, le diré que este proverbio tiene confirmación cuando un ciudadano cualquiera acude al pueblo para burlar la opresión de sus enemigos o de los adversarios, porque entonces sufrirá generalmente un desengaño: recuérdese lo sucedido a los Gracos en Roma y en Florencia a Jorge Scali. Pero cuando es un príncipe el que se echa en los brazos del pueblo con autoridad, con prestigio y con valor; cuando el príncipe no se asusta ante ninguna dificultad, y toma las medidas necesarias, y sabe fundir el entusiasmo y mantener el orden a las muchedumbres, entonces, lejos de ver defraudadas sus esperanzas en el pueblo, se convencerá del acierto que puso confiando en él.

Bien es verdad que tales principados pueden peligrar seriamente cuando se convierten de liberales en absolutos, sobre todo cuando el príncipe no ejerce la autoridad personalmente, sino por medio de intermediarios o de magistrados. En este caso, se me antoja su situación mucho más precaria y arriesgada porque está entregada completamente al arbitrio de los particulares que desempeñan los ministerios, particulares de los que no es difícil pronosticar que en las horas difíciles pueden rebelarse contra la autoridad del príncipe, negándose a cumplir las órdenes que emanan de éste. Acaece entonces que el príncipe no tiene tiempo ni encuentra coyuntura propicia para apoderarse de la autoridad absoluta, por la sencilla razón de que los ciudadanos están ya habituados a obedecer las decisiones de los ministros, lo que le impide servirle directamente, no teniendo nadie en quien pueda confiar durante momentos graves. No puede el príncipe, por ende, juzgar de lo que pueda ocurrirle, ya que no tiene más experiencia que la de los momentos normales. Como en estos momentos todos los ciudadanos necesitan de su autoridad, y acuden a él, y le prometen y juran todo lo jurable y prometible, y hasta le ofrecen su vida, porque saben que entonces nada de esto arriesgan, en cambio, en las horas de peligro, cuando el príncipe necesita verdaderamente de todos sus vasallos, encuentra pocos que estén resueltos a ampararle, auxiliarle y defenderle. Esta experiencia no puede repetirse; de aquí su riesgo y su dificultad. Procure el príncipe gobernar de modo que en todo tiempo y a lo largo de toda suerte de vicisitudes los ciudadanos tengan que acudir a su autoridad; de esta suerte no es aventurado conjeturar que le permanecerán fieles.

CAPÍTULO X. DEL MODO DE GRADUARSE LA FUERZA DE LOS GOBIERNOS.

Tampoco hay que olvidar, cuando se estudian las características de estos principados, el caso de que el príncipe gobierne Estados tan fuertes que en momentos de apuro pueda defenderse por sí mismo o que necesite del amparo ajeno para su defensa. Escribiré, para la mayor claridad de mi argumentación, que, a mi juicio, los Estados que tienen mucho dinero y muchos hombres, y que por tenerlos pueden organizar ejércitos y luchar contra el agresor, están en razón de defenderse por sí mismos. Y que, por el contrario, necesitan de valedores y de amigos los Estados que no pueden dar la cara al enemigo en campaña y tienen que parapetarse ante él detrás de las murallas de una fortaleza.

Ya he tratado del primer caso y volveré a ocuparme de él. Tratando del segundo tengo para mí que los príncipes de Estados débiles deben abastecer y fortalecer la plaza de su residencia, no cuidándose del resto del país. La razón es obvia; el príncipe que tenga bien abastecida la capitalidad de sus dominios y se conduzca bien con los demás príncipes y con sus propios vasallos, ya he dicho y volveré a repetir que siempre será atacado con grandes precauciones, porque los hombres no se arriesgan en empresas que de antemano se les antojan peligrosas, y todas las ventajas están de padre del príncipe que ha sabido resguardarse y contar en caso necesario con el cariño de sus vasallos.

Así gozan de gran libertad las ciudades alemanas, sencillamente porque tienen muy poco territorio, y solamente cuando les viene en ganas obedecen al emperador o a cualquier otro magnate, pues están de tal modo guarnecidas y defendidas, que el más torpe alcanza que su conquista es muy difícil y poco menos que imposible. Todas las ciudades alemanas poseen excelentes murallas, buenos fosos, artillería abundante y provisiones de boca y combustible para un año dentro de sus parques. Y para que el pueblo viva sin perjudicar cosa mayor al Tesoro, tienen siempre en disposición de empezarse trabajos que ocupan a la plebe en los oficios que ella conoce bien, trabajos que son como el sistema nervioso de aquellas plazas. Y sus ejércitos, con excelentes ordenanzas, viven en continuos y provechosos ejercicios.

Así es que un príncipe que tenga su residencia bien defendida y que no haya suscitado odios es muy difícil que sea atacado; pero si lo es, el agresor sufrirá el bochorno de la retirada, porque varían de tal modo las cosas de este mundo, que es punto menos que imposible el hecho de sitiar una plaza durante el espacio de un año. Ya sé que puede argüírseme que si los sitiados ven sus haciendas saqueadas y reducidas a cenizas, acabarán perdiendo los estribos, perdiendo su afecto al príncipe ante las molestias de un sitio inacabable; pero a este argumento replicaré que tales dificultades no son invencibles para un príncipe bueno y poderoso, unas veces haciendo ver a sus súbditos que todo se remediará prestamente, otras excitándoles contra la violencia y la crueldad del enemigo, otras exterminando a los que sean más atrevidos y provocadores.

Lo natural es que el enemigo arrase el país que trate de invadir, cuando los vasallos están más excitados y dispuestos a defender lo suyo. Peligro que no debe preocupar al príncipe, porque los daños hechos no tienen remedio y así lo comprenderán los ciudadanos cuando llegue la hora de la reflexión. A la larga, estos hechos unirán más al príncipe con sus vasallos, porque éstos, para defenderle, han perdido sus habitaciones y han visto sus haciendas arruinadas, y los hombres se obligan lo mismo por los beneficios que hacen que por los que reciben. Lo natural es que todo príncipe prudente procure que no le escaseen los víveres y los medios de defensa para que los vasallos no se alcen contra él mientras dura el asedio de la fortaleza.

CAPÍTULO XI. DE LOS PRINCIPADOS ECLESIÁSTICOS

Tengo que hablar aquí de los principados eclesiásticos. Como se adquieren por méritos o por fortuna, las dificultades mayores ocurren antes de posesionarse de ellos. Pero luego se conservan perfectamente. Pues como la posesión de ellos se funda en las antiguas instituciones religiosas, tienen éstas tal fuerza que a toda costa sostienen la autoridad del príncipe, cualquiera que sea su modo de vida y de gobierno.

Los príncipes eclesiásticos poseen los Estados sin defenderlos, y los súbditos sin tomarse el trabajo de gobernarlos, porque tales vasallos ni se curan de su emancipación y libertad ni piensan en ellas. Estos principados son los únicos tranquilos y los únicos felices. Gobernados por preceptos tan altos que la inteligencia humana no puede alcanzar, no hablaré de ellos. Formados y mantenidos por Dios, sería presunción y temeridad en mí hacer la crítica de ellos.

Sin embargo, como cabe la pregunta de por qué el poder temporal de la Iglesia se está haciendo tan fuerte, cuando antes del pontificado de Alejandro VI los potentados italianos y los barones y señores, por menguada que fuera su dominación, tenían en poco dicho poder temporal, cuando es el caso que hoy la Iglesia hace temblar al monarca francés, le echa de Italia y provoca la ira de la República Veneciana, justo es responder con hechos que, a pesar de ser muy conocidos, necesitan algún estudio.

Cuando el rey Carlos VIII de Francia puso sus plantas en Italia, dominaban en ella el Papa, los venecianos, el rey de Nápoles, el duque de Milán y el señorío de Florencia. Todas estas potencias se curaban especialmente de que ningún forastero entrara con tropas en Italia y de que ninguna de ellas ensanchara sus fronteras en detrimento de los demás.

El Papa y los venecianos no inspiraban, sin embargo, más que recelos y suspicacias en este particular. Para contener a éstos era precisa la unión de los demás príncipes italianos, cosa que ocurrió con motivo de la defensa de la ciudad de Ferrara. Y con objeto de vigilar los movimientos del Santo Padre, valíanse estos pueblos de los barones romanos, que, divididos en dos bandos, el bando de los Orsini y el bando de los Colonna, mantenían continuos rozamientos entre ellos, logrando que se peleasen continuamente entre sí, para vengar sus querellas, aun delante del Papa, cuya autoridad era más débil y precaria ante dichos nobles. Verdad es que de cuando en cuando surgía un Pontífice fuerte como Sixto V; pero ni la suerte ni la ciencia de gobernar les permitía acabar con las luchas de los nobles, porque la duración del pontificado es corta, se calcula en unos diez años por término medio, tiempo más que insuficiente para reducir el poder de cualquiera de estos dos bandos. Y si un Pontífice acababa, pongo por caso, con los Colonna, venía después a sucederle otro Papa, amigo de ellos y enemigo de los Orsini, que aumentaba el prestigio de los Colonna, sin tiempo material para acabar con el partido opuesto. Por eso en Italia se estimaba grandemente el poder temporal del Papa.

Pero subió al solio pontificio Alejandro VI, que es el Papa que mejor ha demostrado todo lo que puede hacerse disponiendo de fuerza y de dinero. Aprovechando las condiciones de su hijo el duque Valentino y sirviéndose de la venida a Italia de las tropas francesas, hizo lo que ya hemos escrito cuando hablamos de César Borgia. Y aunque pensó más en el poder de su hijo que en el de la Iglesia, el caso es que fue ésta la beneficiada, porque después de su fallecimiento y del de César fue la Santa Sede la que aprovechó todos sus esfuerzos y energías.

Luego, el Papa Julio II, al ascender a la Silla, encontró el poder de la Iglesia fortalecido con el dominio de la Romaña, y a los barones romanos sin influencia ni prestigio alguno, porque el Papa Alejandro V I había conseguido reducir a la nada los dos bandos en que se dividían. Pudo también acumular más dinero que su antecesor Alejandro, superándole y aun aventajándole en sus cualidades políticas excepcionales, porque ganó a Bolonia, batió a los venecianos y arrojó de Italia a los franceses, empresas todas dignas de la mayor alabanza, porque no se propuso con ellas enriquecer a sus parientes, sino sencillamente engrandecer el poder temporal de la Iglesia. Y supo contener, además, a los Orsini y a los Colonna en el triste estado en los que dejara Alejandro V I , pues aunque no habían desaparecido del todo las causas que les incitaban al disturbio y al motín, dichos nobles se mantuvieron quietos y pacíficos, no solamente a causa del gran poder de la Iglesia que les llenaba de miedo, sino porque ninguno de los dos bandos contaban con cardenales de su apellido, que estos cardenales eran los alentadores de toda suerte de querellas dentro y fuera de Roma en los dos bandos, en los cuales, y por una fuerte necesidad, tenían que alistarse forzosamente los barones. Así es cómo los prelados ocasionaban las luchas y los disturbios entre la nobleza romana.

Su Santidad el Papa León X se ha visto al frente de una Iglesia llena de poder, siendo de esperar que si Alejandro y Julio la hicieron poderosa con el concurso de las armas, León aumente todavía más su influencia y su hegemonía por su bondad y por las grandes condiciones e infinitas virtudes que le adornan.

CAPÍTULO XII. DE LAS DIFERENTES CLASES DE MILICIA Y DE LOS SOLDADOS MERCENARIOS

Estudiadas ya las características de los principados que me propuse estudiar, y expuestas las vicisitudes que pueden resultarles convenientes o enojosas, expuestos los medios más importantes que algunos príncipes han puesto en juego para elevarse a ellos, ya debo disertar aquí, en trazos generales, acerca de los casos de defensa y de ofensa que pueden ocurrir en esos principados.

Todo príncipe, ya lo hemos dicho, ha de cuidar que sean excelentes los fundamentos de su poder, porque si no lo son, fácilmente se precipitará a la ruina. Los principales fundamentos de todos los Estados— nuevos, viejos, mixtos—son las buenas leyes y los buenos ejércitos. Pero no puede haber leyes buenas donde no hay buenos ejércitos, y, al contrario, y ahora hablaré de éstos y no de aquéllas.

Los ejércitos que para la defensa de sus Estados utiliza un príncipe son propios y mercenarios, auxiliares y mixtos. Los ejércitos mercenarios y auxiliares son inútiles y peligrosos. E l que fíe su poder en ellos no estará nunca firme y seguro. Están desunidos. Son indisciplinados, infieles, valientes con el amigo y cobardes con el adversario. Carecen del temor de Dios, olvidan la buena fe que se debe entre los hombres, y así el príncipe a quien defienden está expuesto a caer y cae cuando estos ejércitos son vencidos, además de que se expone a ser robados por ellos en la paz y en la guerra por los enemigos.

Lo que depende, a mi juicio, de que el corto salario de que disfrutan tales mercenarios es la única razón que les ata a servir con las armas en la mano, salario que no es estímulo suficiente para dar la vida por el príncipe en cuya bandera militan. Así es que los mercenarios desean servir en tiempos de paz, porque en los de guerra, o desertan o se escapan. Muy fácil me sería demostrar que la causa del desprestigio de Italia obedece al hecho de haber encomendado su defensa, durante tantos años, a ejércitos mercenarios, que, en efecto, no dejaron de prestar servicios de consideración a algunos, y que peleando entre sí no parecían exhaustos de valor; pero el caso es que al llegar los extranjeros se condujeron como eran. Carlos III se apoderó de Italia sin tomar otro trabajo sobre sus hombros que el de alojar y aposentar a las tropas. Los que aseguraban que la conquista era debida, sobre todo, a nuestros pecados, decían la verdad, aunque tales pecados no eran los que sospechaban sino los que yo apunto aquí. Y como los príncipes eran los pecadores, naturalísimo es que ellos hayan sufrido la penitencia.

Insistiré de nuevo en los inconvenientes de estas clases de tropas. Los generales mercenarios son excelentes o distan mucho de serlo. Si lo son, no cabe fiar en ellos, porque cuidarán de su engrandecimiento personal, oprimiendo al príncipe que sirven o a otros contra la voluntad del príncipe. Si distan mucho de ser excelentes, lo normal es que arruinen al Estado porque lo sirven muy mal.

Si se replica que siempre hace esto todo el que tiene armas en la mano, sea o no necesario, me limitaré a contestar que las tropas se destinan a servir a un príncipe o servir a una república. Si sirven a un príncipe, cuidará éste de llevar personalmente el cargo de general. Si a una república, cuide ésta de nombrar general a uno de sus ciudadanos. Si el primero no demuestra valor, le substituirá con otro; pero si es buen general, procure sujetarle a las leyes ordinarias para que no se extralimite.

La historia nos dice que solamente los príncipes y las repúblicas armadas hacen grandes progresos, mientras las tropas mercenarias originan de continuo grandes disturbios. Mejor domina un ciudadano una república con ejércitos mercenarios que con ejércitos propios. Libres y con ejércitos propios vivieron durante mucho tiempo Roma y Esparta. Los suizos, que gozan 'de gran libertad, no pueden estar mejor armados.

A la muerte del duque Felipe, los milaneses tornaron a sueldo a Francisco Sforza en la guerra que tuvieron contra los venecianos; pero Francisco, después de batirlos en Caravagio, se convino con ellos para conquistar a Milán, que lo tenía a su servicio. Su padre Sforza, general mercenario de la reina Juana de Nápoles, dejó a ésta en seguida sin tropas, y Juana, para que Nápoles no se le fuera, no tuvo más remedio que pedir auxilio al rey de Aragón.

A los que estimen que tanto Venecia como Florencia aumentaron sus fronteras en épocas pretéritas con ejércitos mercenarios, y que sus generales las defendieron siempre sin que éstos se elevasen a la jerarquía de príncipes, he de decir que ello es debido a la buena fortuna que acompañó a los florentinos en sus empresas, porque los capitanes insignes que estuvieron a la cabeza de sus tropas fueron derrotados, o tropezaron con un sinnúmero de inconvenientes, o tuvieron sus ambiciones puestas en otras cosas. Juan Acuto fue derrotado, derrota que hizo que no se pusiera su fidelidad a prueba, pues si hubiera vencido, hubiera sido señor de vidas y haciendas en Florencia. Sforza tuvo siempre enfrente a Braccio con sus huestes, y las rivalidades que hubo entre los dos no permitió a éstos otra cosa que ocuparse de sus divisiones y querellas. Francisco Sforza, por otra parte, solamente se cuidó de llegar a dominar la Lombardía, y Braccio, por la suya, tenía siempre sus baterías enfiladas contra Nápoles y la Santa Sede.

Pero ocupémonos de cosas recientes. Los florentinos tomaron a su servicio a Pablo Vitelli, general prudentísimo que desde una cuna obscura había logrado una sólida posición. Si Vitelli llega a apoderarse de Pisa, es incuestionable que los florentinos hubieran perdido sus libertades, porque al haberse pasado Vitelli al enemigo, los florentinos no hubieran podido defenderse, quedando a merced de su capricho. Ahondando en el engrandecimiento de los venecianos, se verá que fueron fuertes y gloriosos siempre que pelearon con tropas propias, como lo eran sus fuerzas marítimas, sus caballeros y el pueblo armado; mas cuando trataron de guerrear en tierra y a campo abierto, deseosos de aumentar su predominio en Italia, olvidaron su táctica guerrera, adoptando la de los pueblos de la península. Y así acaeció que mientras las conquistas por tierra no progresaban, cegados en su poder no recelaban de sus generales; pero cuando sus conquistas fueron cosa provechosa al mando de Carmañola, reconocieron su error en seguida. General de gran mérito éste, que había sabido derrotar al duque de Milán, quiso prolongar la guerra, y los venecianos, que no creían en una victoria definitiva y formal, y que veían que si despedían a Carmañola se exponían al riesgo de perder lo ya conquistado, optaron por matarle y deshacerse de él.

Después de Carmañola, los venecianos han tenido a sueldo a los generales Bartolomé de Bérgamo, Roberto de Sanseverino, el conde de Pitiglíano y otros de tal calaña, con los que no podían ganar nunca, sino perder siempre. Así ocurrió con la batalla de Valla, en la que perdieron en veinticuatro horas lo que habían ganado en ochocientos años, pues con tales ejércitos las conquistas son pesadas, y son lentas, y son flojas, y en cambio se pierde con rapidez y se pierde todo. Estos ejemplos me han obligado a discurrir solamente sobre Italia, en donde sólo existen ejércitos mercenarios desde hace ya muchos años; por eso me ocuparé ahora de cosas más lejanas, para que vistas las fuentes y las derivaciones de una dolencia tan aguda, sea más fácil corregirla y aliviarla. Recordemos que cuando Italia comenzó a rechazar el Imperio en estos últimos tiempos y que cuando el poder temporal de la Iglesia comenzó a cobrar alguna importancia, Italia se fraccionó en muchos Estados, porque muchas grandes ciudades pelearon contra la nobleza que, favorecida por el Imperio, les oprimía, mientras la Santa Sede les auxiliaba para asentar así mejor los cimientos de su dominación. Otras ciudades se declararon independientes poniendo a sus habitantes al frente del gobierno. Con este procedimiento llegó Italia a estar en manos de la Iglesia y de algunas repúblicas, y como ni los eclesiásticos ni los ciudadanos sabían manejar las armas, comenzaron a tomar a sueldo tropas forasteras. El primero que empleó esta clase de milicias fue Alberico de Conío, natural de la Romaña. El enseñó el arte de la guerra a Braccio, a Sforza y a otros que, según opinión general, fueron los árbitros de Italia. Tras de los cuales han ido viniendo todos los que en nuestros tiempos han mandado los ejércitos mercenarios en Italia, y su valor e inteligencia ha hecho que Carlos VIII la recorra de un extremo a otro, que Luis XII la expolie, que Fernando V la oprima y que los suizos la cubran de todo género de insultos. E l régimen que los generales de tropas iniciaron y establecieron estriba en menospreciar la infantería para que se acredite la caballería. Lo hacen de este modo, porque como no tienen Estados y necesitan vivir de su profesión militar, los infantes no les daban crédito y no era cosa fácil mantenerles a todos.

Así es que han dado en la flor de tener caballería, tanta caballería como sus recursos les permiten, y pueden vivir así con algún crédito, hasta el punto de que hay ejércitos con veinte mil caballeros que apenas tienen dos mil infantes, y para librarse ellos y librar a sus soldados de peligros y de enojos, no mataban en las escaramuzas, sino que se apoderaban de los prisioneros y les daban luego libertad sin que nadie previamente los rescatase. En los sitios, ni los sitiadores tomaban la ofensiva ni los sitiados la defensiva durante la noche. No se servían de las trincheras para defender los campamentos. No acampaban tampoco en invierno. Semejante organización militar que tales cosas amparaba y protegía, con objeto de eludir peligros y riesgos, ha esclavizado y oprimido a Italia.

CAPÍTULO XIII. DE LAS TEOPAS AUXILIARES, MIXTAS Y NACIONALES

Son tropas auxiliares las que presta un príncipe fuerte a otro más débil para ayudarle y defenderle. Resultan tan inútiles como las mercenarias. Ejército auxiliar fue, pongo por ejemplo el que utilizó el Pontífice Julio II, quien en vista de los malos resultados que los ejércitos mercenarios dieron en la conquista de Ferrara, convino con Femando V, rey de España, que éste le ayudara y auxiliara con sus tropas.

Estas tropas pueden ser buenas y útiles, independientemente consideradas, aunque siempre peligrosas para el que las llama en su amparo. Pues si las derrotan, sufre él las consecuencias; pero si vencen, queda siempre a merced de ellas. La historia antigua está llena de ejemplos que así lo confirman; pero me limitaré al caso de Julio II, por lo reciente que es. Queriendo apoderarse de Ferrara, se puso en manos de un extranjero. Tuvo, sin embargo, la fortuna de que un hecho posterior le impidiese sufrir los inconvenientes de su falta, porque al ser derrotados sus auxiliares en Ravena aparecieron los suizos que hicieron escapar a los victoriosos, libertando así, contra lo que él y otros con él creían, de los enemigos batidos por los suizos y de las tropas auxiliares, porque esta victoria tampoco se debía a los españoles.

Cuando los florentinos, que estaban corraleramente inermes, llevaron diez mil franceses al sitio de Pisa, estuvieron a punto de peligrar con más gravedad que en ocasión alguna de su historia.

Diez mil turcos envió a Grecia el emperador de Constantinopla para contrarrestar el influjo de sus vecinos; mas los turcos, acabada la guerra, no quisieron salir de aquel territorio, de modo que los griegos comenzaron a sufrir el yugo de los infieles.

El que quiera ser derrotado, lo mejor que puede hacer es valerse de estos ejércitos, de mucho mayor peligro que los mercenarios, porque una vez consumada la destrucción del que amparan vuelven unidos a obedecer a su señor, mientras que si los mercenarios vencen, necesitan para alzarse contra el que les paga oportunidad y coyuntura, ya que no forman un ejército unido. En conclusión, los ejércitos mercenarios son peligrosos por su tardanza y por su cobardía en la batalla, y los auxiliares por su valor. Los príncipes prudentes han de huir como de la peste de tales tropas, prefiriendo las propias, prefiriendo resultar vencidos y derrotados con éstas que vencedores y triunfantes con aquéllas, sin considerar verdaderas victorias las que se logran con ejércitos ajenos.

Siempre presentaré en estas ocasiones el caso de César Borgia y de sus empresas. Entró en la Romaña con tropas auxiliares, todas ellas de Francia, y con ellas conquistó a Imola y a Forli. Advirtiendo que no debía confiarse en tales tropas y que los soldados mercenarios eran menos peligrosos, tomó a sueldo a los Orsini y a los Vitelli. Cuando se dio cuenta de que era arriesgada, dudosa y llena y erizada de peligros la conducta de éstos en las operaciones guerreras, acabó con estos caudillos, organizando un ejército propio. Nada mejor que estudiar la diferencia entre unas y otras tropas, fijándose en las distintas empresas guerreras del duque, cuando tuvo a sueldo a los franceses primeramente, después cuando se sirvió de Orsini y de Vitelli, hasta que, finalmente, mandó soldados propios y pudo desplegar toda su astucia, acabando por ser estimado de todas veras cuando se observó que era completamente dueño de sus tropas.

Bien quisiera circunscribirme a ejemplos de nuestra moderna Italia, pero he de citar el caso del siracusano Hierón, del que ya he hablado antes. Nombrado Hierón general del ejército de Siracusa, comprendió inmediatamente cuán inútiles eran las tropas mercenarias, porque sus jefes se portaban lo mismo que se portan hoy en Italia, y creyendo conveniente no tenerlas y juzgando peligroso licenciarlas, las destruyó, haciendo con ejército propio y nunca prestado la guerra que le convenía.

Muy a cuento viene también traer aquí una gran figura del Viejo Testamento. Cuando David se concertó con Saúl para pelear ambos contra el filisteo que les provocaba, contra Goliat, Saúl mandó a David su propia armadura guerrera para que saliera con ella al campo de batalla; pero David, al verse así ataviado, se negó a llevarla porque le privaba de libertad en los movimientos, prefiriendo luchar contra el enemigo con su cuchillo y con su honda.

Los ejércitos extranjeros, o te arruinan, o huyen de ti, o te asfixian. Cuando Carlos VII, padre del rey Luis XI, logró echar a los ingleses de Francia, a fuerza de arrojo y de suerte, comprendió cuan necesario le era un ejército suyo, dando a su reino las ordenanzas de los hombres de armas y de la infantería. Luego su hijo Luis prescindió de la infantería, tomando suizos a sueldo. Esta falta, cometida también por sus sucesores, ha sido manantial de grandes desdichas para Francia, porque como estaba acostumbrado a pelear a la vera de los suizos, se imaginaba que no lograría vencer sin su ayuda. De aquí que los franceses no sepan pelear entre sí, ni contra otros, más que en compañía de los suizos.

Los ejércitos de Francia son, por lo tanto, una mezcla de ejércitos nacionales y de ejércitos mercenarios, organización preferible a la de los ejércitos auxiliares y a la de los completamente mercenarios, pero muy inferior a la de los puramente nacionales. Basta para demostrarlo el ejemplo que ahora aduzco, porque la nación francesa no podría ser derrotada si se hubiera observado el régimen de Carlos VII; la experiencia humana, no obstante, se cura sólo de la ventaja inmediata, sin ver el veneno que oculta, como acontece en la fiebre hética. El príncipe que no conoce los males más que cuando son incurables no merece el nombre de sabio. Pocos alcanzan tal sabiduría.

La primera causa de la decadencia del Imperio romano fue tomar a sueldo a los godos, porque se precipitó la descomposición de las fuerzas imperiales, y el arrojo de las tropas romanas pasó a las godas.

Acabo, pues, diciendo que sin ejército propio están inseguros los principados, pues quedan siempre sin recurso alguno y a merced de la veleta de la fortuna. Los sabios afirmaron siempre que nada hay más débil e instable que la fama de un poder que no se cimenta en fuerzas propias. Ejércitos nacionales son los que organizas con súbditos, con ciudadanos, con deudos y parientes tuyos. Los demás ejércitos son auxiliares o mercenarios. Su organización se aprende pronto estudiando lo que acerca de ellos he escrito en otro sitio. Allí se ve que Filipo, padre de Alejandro Magno, y otras repúblicas y principados, los han establecido y armado.

CAPÍTULO XIV. DE LOS DEBERES DE UN PRÍNCIPE CON RELACIÓN A LA MILICIA

El arte de la guerra debe ser el estudio constante y la ocupación favorita del príncipe. Y con el arte de la guerra no he de olvidar tampoco el régimen y la disciplina de los ejércitos, porque ésta es la verdadera ciencia del gobernante, ciencia tan útil, que no sólo aprovecha para mantener en el poder a los que han nacido príncipes, sino también para que simples ciudadanos alcancen esta suprema jerarquía. Suele ser también frecuente el caso de que los príncipes pierdan sus Estados cuando se entregan a la molicie y al reposo. Creo que la causa que contribuye las más de las veces a perder el poder es el desdén del arte de la guerra y que el que profese dicho arte está en mejores condiciones de lograrlo que otro alguno.

Francisco Sforza se trocó de simple ciudadano en duque de Milán por tener un ejército; mas sus hijos, por esquivar los disgustos y las molestias del ejercicio de las armas, descendieron de duques que eran a simples ciudadanos. Uno de los inconvenientes que se derivan de la carencia de ejército es el que te conviertas en hombre despreciable, desconsideración que a toda costa debe pesar sobre el príncipe, por lo que diré más adelante. No cabe parangón de ninguna clase entre hombres que están armados y hombres inermes. La experiencia nos enseña que no es lógico que los primeros obedezcan a los segundos, ni que los inermes estén seguros entre servidores con armas, porque no conciertan los recelos de los unos con la altivez y el desdén de los otros. Por eso, a las naturales desdichas que aflijan a todo príncipe que no conoce el arte de la guerra hay que añadir la de que no le tomen en serio sus soldados ni pueda tener confianza en ellos.

No deben los príncipes cesar, por lo tanto, en el estudio del arte militar, más, si cabe, en épocas de paz que en épocas de guerra. Cosa que puede conseguir bien con estudios teóricos, bien con ejercicios prácticos. Estos le servirán para que sus tropas se organicen y disciplinen perfectamente, Y los príncipes han de consagrarse a la caza para que el cuerpo se habitúe a los trabajos, además de conocer la conformación de los terrenos, cómo se forman los valles y las montañas, cómo se extienden los llanos y de dónde nacen los pantanos y los ríos, poniendo el mayor interés en ese estudio. Conocimiento que es preciso si nos detenemos a considerar que, en primer lugar, se estudia el propio país y se conocen mejor las condiciones naturales de su defensa, y en segundo, que la práctica que se adquiera nos da luces para reconocer rápidamente las características que se den en cualquiera otro suelo. Así las colinas, los valles, los llanos, los ríos y los pantanos de Toscana tienen gran semejanza con los de las demás provincias, y conociendo bien una comarca, se tiene mucho adelantado para conocer cualquiera otra.

Si tal pericia no acompaña al príncipe, le falta una de las condiciones necesarias para ser un buen general, porque esa condición le sirve para conocer al adversario, para buscar alojamientos a sus tropas, para guiarlas y conducirlas, para preparar las batallas, para guerrear, en fin, ventajosamente. Los historiadores alaban mucho a Filopémeno, príncipe de los aqueos, porque en la paz pensaba constantemente en el arte de la guerra, y cuando iba de excursión con sus amigos no se recataba en preguntarles: —Si el enemigo ocupase aquellas colinas y nosotros nos encontrásemos aquí con nuestras tropas, ¿de quién sería la ventaja? ¿Cómo podríamos marchar a su encuentro sin que abriese brecha en nuestras filas? ¿Cómo perseguiríamos al enemigo en el caso de que iniciase una retirada?

Y durante el camino iba pensando mentalmente en todos los casos en que podía encontrarse un ejército. Oía la opinión de sus amigos, no recataba la propia con las razones en que la fundaba, y en este continuo ejercicio era imposible que dirigiendo sus tropas tropezase con dificultades que no pudiera superar.

Hemos hablado también de ejercicios mentales. O lo que es igual, debe leer la historia y fijarse en los grandes hechos de los hombres famosos, estudiar cómo se han conducido en la guerra, las causas de las victorias y las causas de las derrotas para evitar éstas y provocar aquéllas, y, sobro todo, imitar lo que hombres famosos hicieron en otras épocas de la historia, tomando por modelo a los grandes capitanes y procurando reproducir sus grandes hechos. Así se dice que Alejandro Magno imitaba a Aquiles, César a Alejandro, y a Ciro, Escipión.

El que lea la vida de Ciro que escribió Jenofonte, verá después, repasando las de Escipión, cuánto intervino Ciro en sus hazañas, porque en la castidad, en la bondad, en el carácter y en la liberalidad se ajustó siempre Escipión a lo que de Ciro refiere esa historia griega.

Debe ser la conducta de todo príncipe prudente, que no debe estar ocioso en épocas de paz, sino que debe utilizarla para lograr los conocimientos que necesita por si la adversidad le encuentra en el camino y se dispone a flagelarle con sus golpes.

CAPÍTULO XV. EN QUÉ COSAS LOS HOMBRES, Y SOBRE TODO LOS PRÍNCIPES, MERECEN ALABANZAS O VITUPERIOS

Hablemos de la conducta y de los procedimientos que debe imponerse un príncipe con sus vasallos y con sus parciales. No ignoro que muchos han escrito sobre el particular y sentiría que se me tratase de presuntuoso porque yo lo trate desde otro punto de vista. Pero mi intento es escribir cosas de notoria utilidad para mis lectores. Prefiero decir la verdad como es a como nos imaginamos que es. Principados y repúblicas que nunca se dieron en la realidad los han soñado muchos en su fantasía. Es tan grande la diferencia que hay entre cómo vive uno a cómo debe vivir, que el que prefiera lo que debe hacerse a lo que se hace en realidad en la vida corriente camina a su ruina antes que, a su rehabilitación, y el hombre que quiera conducirse con honestidad en todas las cosas, fracasará necesariamente entre tanto bellaco. Así, pues, el príncipe debe ser bueno o malo, según le aconsejen las circunstancias.

Dejando a un lado los príncipes fantásticos y ateniéndome a los de carne y hueso, diré que todos los hombres conocidos y por conocer, y los príncipes, como es natural, son dignos de elogio o de censura. Unos son liberales, otros son míseros —empleo esta palabra, porque la de avaro, en lengua toscana quiere decir hombre que atesora lo que roba y misero el que no gasta jamás de lo suyo—. Ciertos príncipes son espléndidos, otros rapaces, crueles, compasivos. Cumplen unos sus palabras y otros se abstienen de cumplirlas. Y los hay, finalmente, afeminados, pusilánimes, animosos, feroces, humildes, orgullosos, castos, lujuriosos, sinceros, astutos, hoscos, afables, graves, ligeros, religiosos, descreídos, etc.

Ya sé yo que sería buena cosa encontrarse con que un príncipe, por regla general, atesora las más excelentes cualidades personales. Pero como no es posible, y aunque lo fuera, nos encontraríamos con que de hecho sería muy difícil practicarlas todas a la vez, el príncipe debe tener, al menos, la prudencia necesaria para saber evitar la infamia de aquellos vicios que le pueden privar de su rango, y hasta no dejarse dominar de aquellos otros vicios que no conducen a tales extremos. Y no debe tampoco tomar muy a pechos que le vituperen aquellos defectos por los cuales se mantiene príncipe, porque, si bien se mira, habrá cualidades malas que parecerán virtudes y que produzcan su ruina si las pone en ejecución, y habrá, en cambio, cualidades buenas que parecerán defectos, y que, fomentándolas y estimulándolas, es posible que le llenen de seguridades y bienandanzas.

CAPÍTULO XVI. DE LA LIBERALIDAD Y DE LA MISERIA

Y estudiando las cualidades a las que antes he hecho referencia, diré que el príncipe hará perfectamente en ser liberal. Sin embargo, le perjudicará su liberalidad si no es temido, porque si se emplea, como debe emplearse, en silencio y sin que nadie se aperciba de ella, no evitará que se le tenga por tacaño. Para gozar y conservar renombre de liberal hay que vivir con lujo y con pompa, haciendo cuantiosos gastos. El príncipe que obre así empleará en vivir todas sus rentas, necesitando para sostener su boato imponer impuestos y gravámenes considerables a sus vasallos, apelando a todos los recursos fiscales y echando mano de cuantos medios disponga para atesorar dinero. Cosa que acarreará el malestar de los gobernados, con la pérdida de la estimación y del dinero, de suerte que su liberalidad no le habrá servido para otra cosa que para oprimir a los más y favorecer a los menos. Hasta se expone, si cambia de rumbo y muda de conducta, a que le motejen de tacaño. Como el príncipe no puede practicar públicamente la liberalidad si no es con detrimento personal suyo, debe importarle poco, como sea prudente, que le califiquen de tacaño, porque las gentes variarán, de parecer cuando sepan que ajusta sus salidas a sus entradas, y que puede defenderse en la guerra de los enemigos que le ataquen y aun comenzar conquistas sin gravar al pueblo por eso, de modo que resulte liberal para aquellos a quienes no castiga con nuevos impuestos, que son infinitos, y tacaño en opinión de los que no reciban beneficios, que son muy pocos.

Solamente los avaros han hecho grandes cosas en los tiempos que corremos; los otros han sido víctimas de su propia liberalidad. Julio II aprovechó la fama que tenía de liberal para ser pontífice y no se sirvió luego de esa fama, porque le pareció preferible tener recursos para combatir a l monarca francés. Pudo así guerrear constantemente sin imponer gravámenes a los suyos, renunciando a los gastos innecesarios y realizando muchas y muy buenas economías. Si el rey de los españoles, Fernando V el Católico, tuviese fama de liberal no hubiera triunfado en tantas conquistas.

No se preocupe demasiado el príncipe si le llaman tacaño, aunque lo sea, para no verse en el trance de tener que robar a sus vasallos, para que pueda defenderse, para que no caiga en la pobreza y en el desprecio ajeno y para no tener que convertirse en rapaz, porque el vicio de la avaricia podrá servirle para mantenerle en el poder.

Si alguno me dijera que César debió el imperio a su liberalidad y- que otros por liberales han llegado a muy altos y elevados puestos, responderé que no es lo mismo ser príncipe que querer serlo. En un caso, la liberalidad es dañosa, pero es indispensable en el otro, y César fue uno de los que aspiraron en Roma al poder supremo. Y si cuando lo consiguió hubiera vivido siempre sin moderar los grandes gastos, hubiera perdido el poder que alcanzó con su liberalidad.

Y si se me dice que ha habido príncipes con fama de muy liberales que hicieron grandes cosas al frente de sus huestes, distinguiré si atendió a sus liberalidades con dinero propio, con dinero de sus vasallos o con dinero ajeno. En el primer caso debe ser parco. En el segundo, no ser liberal a cuenta y riesgo de los que pagan. En el tercero, cuando el príncipe capitanea unas tropas que se mantienen con los robos, los saqueos y los rescates que hace al enemigo, tiene que ser liberal a la fuerza, porque si no lo es dejarán de seguirle sus soldados.

Puedes ser muy generoso y muy liberal con lo que no es tuyo ni es de tus vasallos, como lo fueron Ciro, César y Alejandro, porque el gastar lo ajeno antes da que quita fama, pero te perjudicarás gastando de lo tuyo.

La liberalidad es condición que, por su naturaleza, se desgasta y consume con presteza, porque la vas desgastando al paso que te vas desposeyendo de los medios que te dan fama de liberal y llegas a ser pobre y despreciado, al menos que para huir de ambas cosas caigas en la rapacería y te hagas odioso. La liberalidad conduce a inspirar odio o desprecio, y de inspirar ambas cosas debe huir diligentemente el príncipe. Por tanto, lo más atinado se me antoja conservar fama de tacaño, que si no honra, no proporciona odio. No es cosa de procurarse fama de liberal para verse luego en la precisión de acarrearse odios y de cometer infamias.

CAPÍTULO XVII. DE LA CRUELDAD Y DE LA CLEMENCIA Y DE SI VALE MAS SER AMADO QUE TEMIDO

Continuando en el estudio ya iniciado acerca de las cualidades que deban adornar a los príncipes, tengo para mí que éstos deben gozar de la reputación de clementes y no de crueles, aunque deban, hacer buen uso de la clemencia. Gozaba fama de cruel César Borgia, pero su crueldad dio paz, unidad y buen gobierno a la Romaña, de modo que, si bien se mira, César fue de hecho mucho más clemente que el pueblo florentino, que dejó destruir a Pistoya para no gozar fama de crueldad.

No debe cuidarse mucho el príncipe de la reputación de crueldad siempre que trate de imponer obediencia y fidelidad a sus vasallos, porque será más clemente imponiendo algunos castigos, con tal que sean ejemplares, que, si por no gozar fama de cruel, deja que se propague el desorden, causa de tantas muertes y rapiñas, desmanes que perjudican a todos, mientras que los castigos que el príncipe ordene con prudencia solamente recaen en unos cuantos súbditos.

Los príncipes nuevos son los que con mayor facilidad pueden ser tachados de crueles porque siempre están erizados de peligros sus Estados. Virgilio pone en boca de Dido frases de exculpación sobre sus medidas de rigor para mantenerse en un reino que había heredado, con estas palabras: Res dura, et regni novitas me talia cogunt Moltri, et late fines custodi tueri.

El príncipe nuevo debe proceder con cautela en todos sus actos, no haciendo caso de todo cuanto le dicen, ni recelando de todas las cosas, siendo prudente y bueno, de manera que ni la excesiva confianza mate el recelo ni la suspicacia consiga hacerle odioso.

A la pregunta de si vale más ser amado que temido o al revés, debe contestarse que lo mejor de todo es ser a la vez ambas cosas, pero que siendo difícil que se den en un mismo sujeto, es mucho más seguro ser temido que amado, en el caso de que falte una de las dos cosas. Los hombres suelen ser ingratos, versátiles, dados a la ficción, esquivos al peligro y muy amigos de las ganancias. Si les favoreces, se dicen completamente tuyos y te ofrecen su sangre, sus bienes, sus hijos y hasta su vida, cuando, como ya he dicho, no haya peligro alguno de que tales cosas puedan resentirse. Como peli- Tengo que guardar necesariamente mis fronteras, porque mi reino es nuevo y mi situación comprometida. El príncipe que descansa en las promesas de los hombres y no cuenta con otros medios que tales promesas está perdido, porque el afecto que se compra y no se alcanza por nobleza de ánimo deja de existir cuando los contratiempos de la vida le ponen a prueba. De modo que no puede contarse con él. Los hombres ofenden antes al que aman que al que temen, porque la amistad, como es lazo moral, se rompe muchas veces por los malvados, que se curan más de sus intereses. En cambio, el temor hace que piense en un castigo que trate naturalmente de esquivar.

El príncipe debe hacerse temer de tal modo que el temor no excluya el cariño ni engendre el odio, porque se puede temer sin odiar a una persona, cosa que logrará siempre que procure y fomente el respeto a las haciendas y mujeres de sus vasallos. Cuando tenga que hacer derramar sangre ajena, ha de ingeniárselas de suerte que tenga una justificación muy grande y por causa que sea notoria para todos. Y no se quede nunca con sus haciendas, porque los hombres podrán olvidar la muerte del padre, pero no la pérdida del patrimonio. Y no hay que olvidar que nunca faltan motivos para decretar una confiscación, y que los que viven de la rapiña se acostumbran a explotarla a todas horas, mientras que no hay, por regla general, motivos serios que aconsejen la imposición de las penas de muerte.

Cuando el príncipe se halle al frente de sus tropas y tenga que dirigir muchos soldados, tenga cuidado de que le tachen de cruel, porque el ejército vive así más disciplinado y se dispone mejor a correr toda suerte de riesgos y de aventuras.

Entre las muchas cosas que de Aníbal se refieren, se cuenta que, siendo capitán de un formidable ejército, formado por gentes de todas las razas, no tuvo, ni aunque estuviese peleando en tierras extranjeras, asonadas ni motines entre sus soldados ni contra él, lo mismo en los días de victoria que en los de derrota. Parece ser que el motivo de tanta disciplina se debía a su inhumana crueldad, crueldad que, unida al valor de que gozaba, hacía que sus soldados le venerasen, y al mismo tiempo temblasen ante él. Si Aníbal no hubiera sido severo, sus demás condiciones no le hubieran servido para nada.

Escritores conozco de tan poco seso que admiran las hazañas de Aníbal al mismo tiempo que censuran su crueldad, cuando hay que afirmar que todo el valor del famoso general de Cartago se hubiera eclipsado sin su dureza de condición. Fijémonos en lo que le pasó a Escipión—capitán de grandes condiciones no sólo de los de su tiempo, sino de todos los tiempos que se conocen—, al cual se le sublevaron las tropas en España por la excesiva clemencia con que las trataba, concediendo a los soldados fueros y licencias que no se compaginaban bien con la disciplina militar. Fabio Máximo le censuró por ello en el Senado romano, llamándole corruptor de las milicias de Roma. Por eso una vez que los locrenses vejaron gravemente a uno de sus parlamentarios, ni vengó las víctimas ni corrigió los desmanes de su lugarteniente, porque era bueno de condición. Para justificar sus actos, alegó un senador que había muchos hombres como Escipión que, como no sabían faltar, eran incapaces de corregir faltas ajenas. Condición que hubiera perjudicado a Escipión, sin proporcionarle ninguna ventaja, si este capitán hubiera ejercido siempre el mando supremo. Sometido que estaba al Senado de Roma, esta condición sirvió para realzarle.

Volviendo, para concluir, al tema de si un príncipe debe ser temido o amado, diré que los hombres aman según su voluntad y que temen según la voluntad del príncipe. De modo que, si el príncipe tiene prudencia, debe cimentar su poder en sí mismo y no en los demás, procurando únicamente que no le odien sus vasallos.

CAPÍTULO XVIII. CÓMO DEBE GUARDAR EL PRÍNCIPE LA FE JURADA.

El príncipe, como todos saben, debe preferir sin duda la lealtad a la falacia. La historia de nuestra época nos dice, no obstante, que príncipes que acometieron magníficas hazañas prescindieron muchas veces de la fe jurada, tratando a todas horas de engañar a los hombres y cogiendo en sus redes a los que fiaban de su lealtad.

Unas veces se combate con las leyes y otras con la fuerza. Las leyes son propias de los hombres, pero la fuerza, de los animales. Muchas veces hay que acudir con la fuerza allí donde no basta la ley. Los príncipes han de saber salir airosos de ambas clases de combate. Los escritores antiguos lo sabían muy bien y sabían decirlo por medio de una alegoría, afirmando que Aquiles y otros héroes de los tiempos primitivos fueron creados por el centauro Chirón, que los tenía en su guarda. Esta alegoría de un preceptor, hombre a medias y a medias bestia, quiere decir que el príncipe ha de ejercitar ambas naturalezas, porque no puede darse sola ninguna de ellas. Teniendo que emplear el príncipe los procedimientos de los animales, debe preferir los que usan el león y la zorra, porque el primero no sabe defenderse de las trampas y el segundo no sabe defenderse de los lobos. Hay que ser zorra para conocer las trampas y león para hacer escapar a los lobos. No comprenden bien sus intereses los que únicamente imitan al león.

Cuando le perjudique, el príncipe debe faltar a su promesa. Debe también faltar a ella cuando desaparecieren los motivos que le obligaron a prometer. Este precepto sería discutible si todos los hombres fueran buenos; pero como son malos y desleales contigo, no es justo que tú seas leal con ellos. Un príncipe encuentra siempre argumentos para disculparse en el incumplimiento de su fe jurada. De ello puedo presentar infinitos ejemplos en los tiempos que corren. Hasta puedo demostrar cuántos conciertos y tratados de paz han dejado de cumplirse por deslealtad del príncipe, que ha sabido ganar siempre que ha imitado a la zorra.

De todos modos, hay que disfrazar bien las cosas y ser maestro en disimulo, porque el hombre es tan cándido y depende tanto de las circunstancias, que siempre habrá un engañado para un engañador. Citaré un ejemplo. E l Papa Alejandro V I no pensó ni hizo cosa alguna que no fuera un engaño. No he conocido a nadie que fingiese con mayor seriedad, que hiciese acompañar a una promesa de más juramentos, que ni por acaso cumplió nunca. Sus engaños le aprovecharon siempre, porque conocía perfectamente a la humanidad. Mejor es que parezca que ven. príncipe tiene buenas cualidades a que las tenga en realidad. Casi estaba por decir que si las tiene y las practica de continuo le perjudican, y que le benefician si parece que las tiene. Le será muy útil que parezca piadoso, fiel, humano, íntegro y religioso, y hasta le será muy útil que lo sea, siempre que esté resuelto a ser lo contrario de lo que parece cuando haga falta.

Es arriesgado que un príncipe—que un príncipe nuevo, sobre todo—practique virtudes que le den fama de bueno ante los hombres, ya que necesita muchas veces, si ha de conservar su poder, faltar a la lealtad, a la bondad, a la clemencia y a la religión. Ha de ser tan dúctil que sepa plegarse a las circunstancias que las vicisitudes de la vida le deparen, y mientras pueda ser bueno, no debe dejar de serlo, cosa que no reza para cuando tenga que dejar de serlo por suprema necesidad. Cuide, además, el príncipe de que no salga nunca de sus labios frase alguna que no le acredite de poseer esas cinco cualidades en grado sumo, y que siempre que se le oiga y se le vea dé la sensación de ser piadoso, leal, íntegro, clemente y religioso. Cuide, sobre todo, de parecer religioso, porque los hombres juzgan antes por los ojos que, por los demás sentidos, de modo que pudiendo mirar todos, pocos son los que saben ver lo que miran. Cada uno verá lo que pareces, pero pocos sabrán quién eres, y ten en cuenta que estos pocos no sé atreverán a contradecir el juicio de la mayoría, que suele tener en su apoyo la fuerza oficial del Estado. No se puede juzgar más que por los resultados de las intenciones de los hombres en general y de los príncipes en particular, razón por la cual no pueden someterse nunca a la apreciación de los jueces. Como las gentes se dejan guiar siempre de las apariencias y solamente formulan su juicio ante los hechos, estará bien todo lo que haga un príncipe para conservar su Estado, y todos alabarán cuanto haga; como casi todos son vulgo, la opinión de los que no pertenecen a él únicamente se tiene en cuenta la opinión del vulgo no tiene base en qué apoyarse. Algún príncipe de los actuales, que no conviene nombrar, habla a todas horas de paz y de lealtad y no conoce ni de nombre ambas cosas. De haber sido pacífico y leal, hace tiempo que hubiera perdido su reputación y sus Estados.

CAPÍTULO XIX. EL PRÍNCIPE DEBE EVITAR EL DESPRECIO Y EL ABORRECIMIENTO

Después de haber hablado de las cualidades que han de adornar a un príncipe, voy a tratar en conjunto y con brevedad de las que tengo enumeradas, repitiendo que he de evitar el desprecio y el aborrecimiento. Aunque tenga defectos de otra clase, no le perjudicarán nunca tanto como éstos. Debe huir de la rapacidad y de los atropellos contra la hacienda de sus vasallos y el honor de sus mujeres, porque se hará odioso. Respetando los bienes y el honor de los vasallos, éstos vivirán contentos, pues sólo tendrán que luchar contra la ambición de unos pocos, a quienes se les refrena fácilmente y de muy distintos modos.

Se hace despreciable como sea voluble, ligero, afeminado, pusilánime e irresoluto, defectos de los que debe guardarse como de un peligro, procurando que en sus acciones resplandezca la grandeza, el valor, la fortaleza y la formalidad. Procure que sus fallos sean irrevocables cuando resuelva asuntos de particulares, conservando la palabra mantenida de suerte que nadie pueda pensar que le hace víctima de un engaño o que le obliga a cambiar de parecer. De gran fama disfrutará el príncipe que obre de este modo. Cosa difícil es conspirar contra los príncipes prestigiosos, y más difícil atacarles cuando son excelentes y amados por su pueblo.

Las dificultades que debe temer el príncipe son de dos clases: internas y externas. Las primeras dicen relación a sus súbditos y las segundas a las potencias extranjeras. De las que puede defenderse con buenas tropas y buenas alianzas, porque mientras tenga buenos soldados tendrá buenos amigos. Mientras no haya peligros fuera, el orden permanecerá seguro dentro, salvo el caso en que estalle una conspiración. Pero hallándose preparado y dispuesto para la defensa, podrá en el caso de un ataque exterior, no prescindiendo de las normas que hemos escrito, podrá rechazar el empuje del adversario, como lo rechazó Nabis, el de Esparta.

Cuando no existan querellas con las potencias deberá guardarse el príncipe de los que conspiran privadamente en los asuntos internos de su principado. La mejor precaución consistirá en que no le odien ni le aborrezcan. Nada mejor que esté el pueblo satisfecho de su gobierno, lo cual es indispensable como hemos dicho ya. Las conspiraciones abortan cuando el pueblo ama y venera al príncipe, porque los conjurados cuentan siempre con que la muerte del príncipe satisfará las ansias populares. Pero como falte base a este deseo, los conspiradores no acaban nunca por determinarse a obrar, aumentando entonces las dificultades peculiares a toda conspiración.

Se dice que se conspira mucho, pero en realidad se conspira poco. Y son pocas las conspiraciones que logran su objeto, porque el conspirado no vive en las nubes y solamente puede reclutar sus parciales entre los descontentos. Tan pronto como revelas tus propósitos a uno de éstos, le das pie para que te abandone, porque denunciándote puede esperar presentes y recompensas. Como de un lado tiene segura la ganancia y de otro corre riesgos y peligros de muy distintas clases, hace falta que sea muy amigo tuyo aquel a quien te confías, o que sea enemigo personal del príncipe, para que conserve tu secreto.

En restañen: te diré que sobre el conjurado pesan el miedo, el recelo y el temor al castigo que le asusta, y que el príncipe puede apuntar en su beneficio el gobierno, las leyes, los amigos y los funcionarios que le defienden. Añádase también la popularidad del príncipe, con lo que resulta muy temerario el conspirador. De ordinario el conspirador teme mientras urde sus tramas, pero tratándose de un príncipe así, es peor momento cuando se ha dado el golpe, porque corre el riesgo de que no le ayuden ni a refugiarse ni a salvarse.

Puedo citar muchos ejemplos, pero me conformaré con uno que nuestros padres presenciaron. Aníbal Bentivoglio, abuelo del actual Aníbal, era príncipe de Bolonia cuando fue asesinado por los Canneschi que conspiraban contra él, quedando como sucesor suyo Juan Bentivoglio, que todavía estaba en mantillas. Cometido este asesinato, se sublevó Bolonia, matando a todos los Canneschi. Cosa que ocurrió porque los Bentivoglio eran muy queridos y populares en Bolonia. Tan grande era el cariño de los boloñeses a su príncipe, que al mor ir Aníbal sin sucesor y llegando al oído de ellos que en Florencia había un hijo natural del príncipe asesinado, que vivía en casa de un artesano como hijo suyo, vino a Florencia una comisión de Bolonia, lo llevó a aquella ciudad y le dio el mando de ella, administrándola hasta que Juan Bentivoglio llegó a la mayor edad.

Debe cuidarse poco el príncipe de las conspiraciones si es popular, pero como sea odioso, las cañas se le tornan lanzas y debe recelarlo todo de las cosas y de los súbditos. Los príncipes prudentes y los gobiernos que saben regirse han de cuidar con toda diligencia de tener contento al pueblo y de no desesperar nunca a los nobles. Deben dedicar la atención posible a estos menesteres.

Francia puede figurar hoy como pueblo bien regido y bien administrado. En Francia hay instituciones excelentes que garantizan la libertad y la seguridad del monarca. El Parlamento goza, por ejemplo, de grandes prerrogativas. Los fundadores de Francia conocían perfectamente la ambición y el atrevimiento de los grandes e inventaron algo que les sirviera de freno, y como no desconocían tampoco el odio que tiene el pueblo a la nobleza por el miedo que les inspira, procuraron crear un instrumento que refrenase a ambas clases sociales, que no estuviera a cargo del monarca, con objeto de que no se disgustase éste con la nobleza si favorecía al pueblo o con el pueblo si los nobles eran los favorecidos. Y así crearon un tercer poder que sin responsabilidad alguna para el rey, contuviese a los poderosos y amparase la causa de los humildes. Organismo excelente y prudentísimo éste del Parlamento, que sirve a la vez para la seguridad del monarca y para la seguridad de su reino.

El príncipe debe tratar consideradamente a los nobles, pero sin malquistarse el favor popular. Habrá quien opine que muchos emperadores romanos contradicen mi parecer con su vida y con su muerte, porque hubo muchos de excelente vida y de mucho valor que perdieron el trono y la existencia por conspiraciones tenebrosas. Examinaré las cualidades de estos emperadores, explicando sus desventuras con arreglo a la doctrina que he sentado antes, haciendo de paso observaciones sobre costumbres y sobre cosas de aquel entonces.

Solamente hablaré de los emperadores que hubo desde Marco Aurelio el filósofo hasta Maximino, esto es, de Marco Aurelio, de su hijo Cómodo, Pertinax, Juliano, Severo, Antonino Caracalla, Macrino, Heliogábalo, Alejandro y Maximino. Hay que advertir que mientras los príncipes luchan solamente con la ambición de los nobles y la osadía de los pueblos, los emperadores romanos tenían que guardarse además de la crueldad y de la avaricia de sus tropas. Dificultad que hizo sucumbir a muchos, a causa de la contrariedad de contentar simultáneamente al pueblo y a los soldados. Los pueblos aman la tranquilidad y la modestia en los príncipes, mientras que la soldadesca desea príncipes belicosos, insolentes, crueles y ladrones, condiciones que quieren ejercitar a cuenta de la paciencia de los pueblos para cobrar doble sueldo y satisfacer su avaricia y su crueldad. Por eso, aquellos emperadores romanos que no estaban dotados de las cualidades precisas para frenar a los soldados y a los pueblos, sucumbieron, especialmente aquellos que de ciudadanos subieron a emperadores, porque comprendiendo la dificultad de casar y concertar los intereses de la milicia con los del pueblo, atendieron a la milicia, curándose poco de contentar a éste. Determinación que hay que adoptar al f in y al cabo, porque como los príncipes no pueden conseguir que algunos dejen de odiarles, deben procurar que sean los menos y los que no cuenten con la fuerza de las armas. Por eso los emperadores que buscaban apoyos decisivos para disimular su encumbramiento los buscaban en la milicia primero que en el pueblo, cosa que les era útil o nociva, según las circunstancias de lugar y tiempo.

Por eso Marco Aurelio, Pertinax y Alejandro, hechos a vivir modestamente, amantes de la justicia, enemigos de la crueldad, clementes y benignos, tuvieron triste fin, a excepción del primero. Marco Aurelio vivió y murió honradísimo, porque habiendo escalado el solio imperial por herencia, no debía este favor ni a la milicia ni al pueblo. Y como inspiraba veneración por sus excelentes cualidades, pudo mantener a todos en la raya, no siendo jamás odiado ni despreciado.

Pertinax fue nombrado emperador contra los deseos de la milicia, porque estando acostumbrada al libertinaje durante la época de Cómodo, no quería vivir la vida de disciplina que el emperador deseaba que viviese. Hízose odioso a la milicia, que también le despreciaba por viejo, y fracasó cuando comenzó su gobierno.

Lo que prueba, entre otras cosas, que el odio se adquiere lo mismo obrando bien que obrando mal, y que, como ya he apuntado, se ve frecuentemente obligado a no ser bueno, porque si la opinión general del pueblo, de la milicia, de la nobleza—opinión que quieres conquistar para mantenerte en el principado—, está corrompida, tienes que satisfacerla tal como es, y en eso caso no te aprovechan cosa mayor tus buenas obras.

Hablemos ahora de Alejandro, del que se asegura que fue tan bueno, que entre las alabanzas de que se le hace objeto figura la de que no fue capaz de castigar con la muerte a ningún condenado en los catorce años que duró su imperio. Pero le juzgaron afeminado, le creyeron demasiado sometido a su madre, y los soldados conspiraron contra él, matándole.

Cómodo, Septimio Severo, Antonino Caracalla y Maximino fueron harto crueles y rapaces, hasta el punto de que satisfaciendo los instintos de la soldadesca, no dejaron de cometer ninguna de las infamias que suelen cometerse contra el pueblo. Todos tuvieron un mal fin, si exceptuamos a Severo, que supo, porque era valeroso, contentar a sus soldados, y aunque gravó al Imperio con nuevos tributos, reinó con tranquilidad, ya que sus excelentes condiciones despertaban la admiración de sus vasallos y de sus tropas. Aquéllos le miraban con asombro y éstas le estaban agradecidas y le estimaban por esta razón. Como los actos de Severo fueron realmente notables, tratándose como se trataba de un nuevo príncipe, demostraré cómo supo usar de la fiereza del león y de la astucia de la zorra, condiciones que ya demostré que debía reunir todo príncipe. Conocía Severo la cobardía del emperador Juliano, y convenció a la milicia que él mandaba en Esclavonia, de que había que i r a Roma para vengar el asesinato de Pertinax, muerto por la guardia imperial. Con ese motivo, y sin mostrar deseo alguno de convertirse en emperador, salió con su ejército hacia Roma, llegando a Italia antes de que nadie se percatase de su partida. Cuando estuvo en Roma, el Senado, miedosamente, le eligió emperador, haciendo matar a Juliano.

Dos obstáculos tenía que vencer Severo para dominar en todo el Imperio: uno en Asia, porque allí había conseguido de sus legiones que le nombrasen emperador Poscenio Niger, general de ejército en aquella región, y otra en Occidente, porque Albino ambicionaba asimismo el cetro imperial. No creyendo prudente combatir a la vez con dos adversarios, determinó combatir a Pescenio y engañar a Albino, a quien escribió diciéndole que, puesto que el Senado le había nombrado emperador, quería compartir con él las cargas del Imperio. Y le envió el nombramiento de César y la confirmación del Senado, cosas ambas que tuvo Albino por evidentes. Pero cuando Severo derrotó y mató a Pescenio, pacificando y restableciendo el orden en Oriente, tornó a Roma y quejose de Albino en el Senado, al que acusó de ingrato con los beneficios que de él había recibido, añadiendo que, puesto que sabía que procuraba asesinarle a traición, estaba dispuesto a castigarle por su ingratitud. Y en las Gallas le buscó, quitándole allí la vida, con el gobierno de las tropas.

Estudiando menudamente la vida de este emperador, se verá a la vez que fue tan astuta zorra como valiente león, que fue temido y obedecido de todos y que no fue odiado por su milicia. Y así se comprenderá cómo, a pesar de ser príncipe nuevo, llegó a tener tan gran poder, porque el renombre de que gozaba le libertó de la malquerencia del pueblo, al que imponía tributos constantemente. También su hijo Antonino Caracalla tuvo cualidades excelentes, que al principio de su reinado le hicieron querido de los pueblos y estimado de sus soldados, porque era todo un militar que soportaba con gran entereza los trabajos de la guerra, desdeñaba las comidas regalonas y toda molicie, cosas todas que le hicieron popular entre la soldadesca. Pero fue tan cruel, tan feroz e inauditamente cruel, que, luego de matar a muchos con el más liviano pretexto, hizo morir a gran parte del pueblo romano y a buena parte del de Alejandría, logrando que le odiase todo el mundo y que le temiesen sus amigos, hasta que al f in fue asesinado por un centurión en medio de su ejército.

Lo que prueba que ningún príncipe puede evitar que le asesinen a mano airada, porque le matará el que esté verdaderamente dispuesto a matarle, con sacrificio de la propia vida. Tales peligros, sin embargo, son raros y por eso no son muy de temer. Lo que deben procurar los príncipes es no ofender gravemente a los que le sirven en el gobierno de su principado, mandando asesinar al hermano del centurión que le mató a él, al cual amenaza además diariamente teniéndole en su guardia, con lo que se expuso a que le ocurriera cuanto le ocurrió.

Cómodo pudo conservar su trono fácilmente porque lo heredó de su padre Marco Aurelio. Si hubiera imitado a éste, hubiera disfrutado, como su padre, de la confianza de los soldados y del pueblo. Pero cruel y bestial de instintos el emperador Cómodo, buscó apoyo en la milicia, permitiendo que se indisciplinase, para saquear impunemente a los pueblos. Además, bajaba a la arena del Circo, despreciando su dignidad imperial, luchando con los gladiadores. Y realizaba otras cosas viles e indignas de su rango, llegando a ser despreciado de la milicia y del pueblo a la vez, muriendo víctima de una conspiración.

Ahora me ocuparé de Maximino. Fue un gran guerrero. Cansado el ejército de la molicie de Alejandro, le nombró emperador a la muerte de éste. Y no poseyó largo tiempo el trono por dos razones de peso. La primera por la bajeza de su origen, porque había sido porquero en Tracia, cosa que sabía todo el mundo y que le desprestigiaba mucho, como se comprenderá. Y la segunda razón porque, habiendo tardado mucho en llegar a Roma antes de tomar posesión del trono, adquirió fama de malvado, a causa de las muchas brutalidades que en Roma y en todas partes cometieron sus prefectos. Asqueado todo el mundo con la bajeza de su origen, y sintiendo las gentes asco y repugnancia de sus actos, África primero, el Senado luego, y el pueblo romano y toda Italia con el pueblo, conspiraron contra él, conspiración en la que participó su mismo ejército, que sitiaba entonces a Aquileya. Cansada la milicia de la duración del asedio, indignada de las crueldades imperiales y advirtiendo que los enemigos se multiplicaban contra él, le dio muerte.

Heliogábalo, Maximino y Juliano, completamente despreciables, desaparecieron con presteza. Diré, acabando este capítulo, que los príncipes de nuestros días no han de procurar en la misma medida que lo procuraban los emperadores romanos tener contentos a sus soldados, aunque no es cosa tampoco de desatenderlos por completo. Ninguno de estos príncipes tiene milicias como los del Imperio romano, que tenían tanta relación con el gobierno y la administración de las provincias.

Entonces era preferible contentar a las tropas antes que a los pueblos, porque eran más poderosas que éstos. Ahora, en cambio, si exceptuamos a los señores de Turquía y de Egipto, conviene más satisfacer al pueblo que al ejército, porque aquél puede más que éste. Ya digo que prescindo del sultán de Turquía, porque éste tiene a su lado a doce mil infantes y a quince mil jinetes, y como de estas tropas dependen la seguridad y la tranquilidad de su Estado, necesita conservarlas fieles, pese a todos los sacrificios que imponga al pueblo para mantenerlas contentas. De igual modo acontece en el reino de Egipto, también en manos de las tropas, razón por la cual el soldán se ve obligado a contentarlas en todo cuanto piden, sin consideración alguna al pueblo.

El reino del soldán no se parece 'en nada al de los demás príncipes, con excepción del de la Santa Silla, porque no puede llamarse ni hereditario ni nuevo, puesto que no suceden en el poder los hijos del príncipe muerto, sino que es elegido por los que no ejercen la soberanía. Como es de organización muy vieja, no puede llamarse el de Egipto principado nuevo, que no tropieza con ninguna de las dificultades peculiares de esta clase de principados. Y aunque el príncipe sea nuevo, el régimen del Estado es muy antiguo y está dispuesto de modo que el elegido puede considerarse como un príncipe hereditario.

El que medite cuanto he escrito en este capítulo verá que la causa de la ruina de los emperadores que he citado fue el odio y el desprecio, y comprenderá que, aunque su conducta no fue la misma, para unos fue beneficioso lo que fue nocivo para otros. A Pertinax y a Alejandro, príncipes nuevos, les fue dañoso imitar a Marco Aurelio, que heredó el trono de su padre. Y les fue nocivo a Caracalla, Cómodo y Maximino imitar a Septimio Severo porque carecían de las cualidades de éste. Así es que un príncipe nuevo sólo debe imitar en su principado a Severo cuando trate de afianzar su autoridad, y ha de imitar también a Marco Aurelio cuando quiera conservar un Estado que esté sólida y fuertemente constituido.

CAPÍTULO XX. DE SI SON ÚTILES O PERNICIOSAS LAS FORTALEZAS Y OTRAS MUCHAS COSAS QUE HACEN LOS PRÍNCIPES

Unos príncipes han desarmado a los súbditos para conservar sus Estados; otros han alimentado la hostilidad entre las distintas ciudades; otros, al principio de su gobierno, han procurado atraerse aquellas personas de las que sospechaban; otros han levantado fortalezas, y, finalmente, algunos han destruido las que poseían. No creo que puedan establecerse normas generales acerca del particular; de todos modos, habrá que tener en cuenta la situación personal en que se encuentre el Estado donde haya de tomarse alguna resolución. Procuraré, sin embargo, tratar del tema del modo general que requiere esta materia.

No conozco el caso de que un príncipe nuevo haya desarmado a sus súbditos. Al contrario, los procuró armas si los halló desarmados. Que así emplearán las armas en tu favor, trocándose de recelosos en fieles, aumentando la fidelidad de los que ya te fueran leales y siendo todos, más que súbditos, partidarios tuyos. No es posible armar a todos los vasallos; pero si están obligados al príncipe todos los que reciben armas, ningún temor podrán inspirarlo los inermes. Hasta la distinción en los mismos se convertirá en garantía de seguridad, porque los primeros te agradecerán tu resolución que les favorece, y los segundos te perdonan de buen grado, porque suponen más merecimientos en los que se exponen a peligros que ellos no han de soportar.

Pero si les desarmas, les ofendes, porque se imaginan que desconfías de ellos, o porque son cobardes o porque son desleales. Cualquiera de estas dos hipótesis se volverá contra ti. Además, no siendo conveniente que estés desarmado, acudirás al ejército mercenario, milicia de la que ya nos hemos ocupado en este sitio, y que, aun siendo buena, no podrá defenderte al mismo tiempo de enemigos poderosos y de súbditos de fidelidad sospechosa.

Los príncipes nuevos procurarán armar a sus súbditos. De ejemplos de esta clase están llenas las historias. El que conquista un nuevo Estado para anexionarle a otro que ya posee de antiguo, ha de desarmar el más reciente, exceptuando únicamente a los que hayan peleado a su favor durante la conquista. Y hasta no está de más debilitar a éstos poco a poco, buscando la ocasión y arreglando las cosas de modo que solamente esté bien armado el Estado más antiguo.

Los antecesores nuestros que más se distinguían por sus conocimientos acostumbraban a decir que, para conservar el dominio de Pistoya, hacía falta fomentar las querellas intestinas entre sus habitantes y que para dominar a Pisa había que aumentar sus fortalezas. Así es que para apoderarse con mayor facilidad de los pueblos fomentaban sus diferencias, cosa que antaño podía ser excelente por lo mucho que variaban a cada momento todas las cosas en Italia; pero no puede recomendarse eso hoy como norma, porque en mi opinión en nada favorecen las discordias a las poblaciones. Tengo para mí que se pierden con presteza las ciudades que son nidal de banderías tan pronto como el enemigo las pone cerco, porque el partido débil busca celos en el apoyo de éste, y el partido fuerte no puede contrarrestar esa alianza.

Se me antoja que los venecianos siguieron esa máxima, alimentando en las ciudades de que se apoderaron las rivalidades entre güelfos y gibelinos. Sin permitirles llegar a las manos, alimentaban estas querellas para que no pensasen en conspiraciones contra el dominador. Mas nada ganaron, sin embargo, con esa política, porque, derrotados en Vaila, los bandos adquirieron tal importancia que quitaron a Venecia todos sus dominios de tierra adentro.

Esa política acusa debilidad en el príncipe. Un Estado fuerte no debe tolerar jamás tales divisiones, que pueden ser útiles en tiempos de paz, porque, si las fomentas, podrás gobernar mejor a tus súbditos. No me negarás, sin embargo, que son muy peligrosas en tiempos de guerra.

Aumenta la fama de los príncipes cuando saben vencer todos los obstáculos que les salen al paso. Así es que la fortuna, si quiere acariciar a un príncipe nuevo, que necesita de más prestigio que un príncipe hereditario, le acaricia creándole enemigos y obligándole a luchar Con ellos para que se vea en la precisión de derrotarlos, y llegar a los más altos peldaños del poder aprovechando las escaleras que sus mismos adversarios le obligan a utilizar. Cuando un príncipe prudente se procura enemigos para aumentar con ellos su grandeza y su poderío, aumenta en crédito ante la historia.

Los príncipes nuevos suelen encontrar más fidelidad y celo al comenzar su reinado con los que gozan fama de sospechosos que con los que están precedidos de la confianza de sus vasallos. Pandolfo Petrucci, príncipe de Siena, prefería para su gobierno a los sospechosos. Cosa muy expuesta es dar consejos en materia tan difícil y tan expuesta a error, porque todo varía con las circunstancias; solamente diré que los enemigos del príncipe, al empezar su reinado, si no pueden vivir sin su apoyo, los conquistará fácilmente, y que le servirán con tanta mayor lealtad cuanto mejor comprendan la necesidad de borrar con su conducta la desconfianza que inspiraron al principio. De ellos sacará al principio mayor utilidad que de aquellos otros que siempre le merecieron confianza y que por eso mismo no se ocuparon gran cosa de servirle.

No me olvidaré, por exigirlo así la materia, de aquellos príncipes que se apoderaron de un Estado nuevo, mediante el apoyo de algunos de sus moradores, que no se olvide de las razones que movieron a éstos para pronunciarse en su favor. Si no fue por afecto natural, sino porque les repugnaba el régimen político del Estado a que pertenecían, difícilmente seguirá contando con su apoyo, porque nunca se sentirán completamente satisfechos. Pensando en muchos ejemplos antiguos y recientes, ocurre que es mucho más fácil procurarse el favor de los que estaban satisfechos con el régimen pasado, y que eran, por lo tanto, enemigos del príncipe nuevo, que el de aquellos que, viviendo descontentos en la antigua situación de cosas, le ayudaron y se convirtieron en parciales suyos.

Los príncipes, para tener más seguridad en sus Estados, edifican en ellos fortalezas que les sirven para contener y sujetar a los que urden algo en su detrimento, y que emplean como refugio seguro para los primeros ataques. No me parece mal el procedimiento porque se emplea de antiguo; pero en nuestros días hemos observado cómo Nicolás Vitelli destruyó y desmanteló dos fortalezas en Ciudad del Castillo para mejor afianzar su dominio. Guido de Tibaldo, duque de Urbino, al volver al ducado de donde le había arrojado César Borgia, destruyó los cimientos de todas las fortalezas, por creer que sin ellas le sería muy difícil perder nuevamente su ducado. Eso mismo hicieron los Bentivoglios al volver a Bolonia. Las fortalezas sirven o dejan de servir según los tiempos, y si por un lado te favorecen, por otro te perjudican. La regla que puede darse es que si los príncipes temen más a sus vasallos que a los extranjeros, deben edificar fortalezas, y prescindir de ellas en caso contrario.

El castillo de Milán, construido por Francisco Sforza, ha hecho más daño a todos los príncipes de este nombre que cuantos desórdenes han ocurrido allí. No conozco mejor fortaleza que la del afecto de los pueblos, porque ninguna fortaleza te salvará si te odian tus vasallos, ya que nunca faltan extranjeros que auxilien a los pueblos que se sublevan. No sé qué hogaño hayan servido para nada las fortalezas a los príncipes, a no ser a la condesa de Forli cuando mataron a su marido el conde Jerónimo, porque ante la fortaleza logró librarse de los sublevados y esperar el auxilio de los milaneses para recobrar su condado. Mas esto fue así porque aquellos momentos no eran los mejores para que ningún extranjero se atreviese a correr en socorro de un pueblo sublevado. Así es que de nada le sirvió la fortaleza cuando César Borgia invadió su condado; el pueblo, que la odiaba, se unió al invasor. Antes y luego hubiera sido más eficaz el afecto de sus vasallos que todas las fortalezas.

En resumen: me parece que da lo mismo tener fortalezas que no tenerlas. Fíen más los príncipes en el cariño de los pueblos que en las fortalezas.

CAPÍTULO XXI. DE LO QUE DEBE HACER UN PRÍNCIPE PARA ADQUIRIR BUENA FAMA

Las grandes empresas y los méritos extraordinarios son las cosas que más realzan a todo príncipe. Fijémonos en Femando, rey de Aragón y actual rey de España, al que yo me atrevo a llamar príncipe nuevo, porque de monarca de un Estado pequeño ha llegado a ser el primer rey de los cristianos en virtud de sus gloriosas gestas. Se advierte, al estudiar sus acciones, que unas son excelentes y otras extraordinarias.

Conquistó Granada al comenzar su reinado. Dicha conquista fue el cimiento de su esplendor. Hizo la conquista sin sospechar que nadie pudiera impedírsela. Y así distrajo los ánimos de los nobles castellanos que ante la guerra no pensaron en luchas políticas. Mientras tanto, el rey iba aumentando su autoridad a costa de la de los nobles, que no se dieron cuenta de nada. Con el dinero de la Iglesia y de los pueblos mantuvo el ejército. Aquella larga guerra civil sirvió para que sus soldados aprendiesen a pelear. Y con ellos se cubrió después de laureles.

Nuevas conquistas emprendió luego, sirviéndose de la religión, cometiendo la piadosa crueldad de quitar los bienes y de decretar la expulsión de los judíos de España, empresa rarísima y verdaderamente admirable. Con el mismo pretexto invadió el África, guerreó en Italia, y ha atacado después a Francia, ejecutando siempre cosas peregrinas que suspenden y enhechizan el ánimo de sus vasallos, que, preocupados con la maravilla de tales cosas, no intentan nada contra su rey, porque éste no da paz a la mano en el arte de producirse sin descanso y sin sosiego.

El príncipe debe dar buenos ejemplos a. la gobernación interior de su Estado—como los que se refieren del duque de Milán, Bernabé Visconti—, siempre que tenga ocasión de premiar o castigar de manera nada común, y el castigo o el premio puede dejar rastro. Así han de procurar los príncipes que todos sus actos sean famosos y excelentes.

Un príncipe merece aprecio cuando es o excelente amigo o adversario leal, es decir, cuando no tiene reparo alguno en mostrarse favorable o adverso a los planes de otro. Mejor es eso que permanecer neutral. Si dos príncipes grandes, que son vecinos tuyos, se pelean entre sí, has de considerar si el vencedor te puede o no te puede hacer daño. Mira el modo de tomar partido por alguno de los dos y de intervenir en la guerra. Porque si permaneces neutral serás víctima del vencedor, con satisfacción interior del adversario, sin que puedas alegar razón alguna que justifique tu proceder y que te defienda de las garras del vencedor. El que vence no quiere tener amigos sospechosos, de esos que no le amparan en los momentos críticos, y el que pierde no hará caso de tu amistad, cuando pudiste auxiliarle en sus momentos de lucha.

Con objeto de expulsar a los romanos fue Antíoco a Grecia, llamado por los etolios, enviando embajadores a los aqueos, aliados de Roma, pidiéndoles que permanecieran neutrales. Los romanos le dijeron que tomara las armas en defensa de ellos. Reunidos en asambleas los aqueos, y recomendándoles la neutralidad los embajadores de Antíoco, hubo de decirles el representante de Roma: «Aunque creáis que a vuestra nación le resulta provechoso y utilísimo no mezclarse en nuestra guerra, yo creo que se equivoca de medio a medio, porque si no tomáis posiciones ante ella, seréis presa del vencedor, sin respetos ni consideraciones de ninguna clase».

Siempre te aconsejará la neutralidad el que no sea tu amigo. Quien lo sea, te pedirá que luches a su lado. Con objeto de esquivar el peligro los príncipes irresolutos suelen jugar a la neutralidad y perder en dicho juego. Prefiere siempre declararte animosamente en favor de uno de los dos pueblos en lucha, porque si vence tu aliado, aunque sea muy fuerte y quedes de hecho bajo su presión, te respetará y se llamará tu amigo, que los hombres no son tan poco dignos que acostumbren a responder al ejemplo de tu lealtad con el yugo de la servidumbre. Las victorias no son tan decisivas que pueda el vencedor prescindir de todos los respetos, especialmente del que debe a la justicia. Si tu amigo es derrotado en la contienda, quedará aliado tuyo, te apoyará cuando le sea posible y te convertirás en compañero de su suerte, que es tornadiza de suyo y en el caso de que los adversarios sean de tal naturaleza que no pueda inspirarte recelo alguno el vencedor, la prudencia aconseja que tomes, sin embargo, partido al lado de uno de los dos, porque causarás la ruina del que debiera salvarlo si fuera avisado de condición. Y el vencedor quedará siempre a tu servicio ya que seguramente triunfa con tu auxilio.

Ningún príncipe debe amigarse con otro más fuerte para combatir a un tercero más que en el caso de una necesidad absoluta, porque venciendo queda a su discreción, cosa lamentable que debe evitarse en lo posible. Los venecianos se aliaron a Francia contra el duque de Milán, cuando podían prescindir de esta amistad, que fue su perdición. Pero si no se puede evitar, como no la pudieron evitar los florentinos cuando España y la Iglesia enviaron sus soldados a la invasión de Lombardía, debe el príncipe pactar una alianza para no caer en los inconvenientes de que antes hablamos.

Ningún Estado puede tomar una determinación segura sobre este particular, porque la vida dispuesto tiene que no se rehúya de un inconveniente sin dar de hoz y coz con otro. La prudencia sirve para distinguirlos y para adoptar el mejor de entre los dos.

El príncipe debe ser amigo de la virtud, honrar a los que sobresalen en alguna profesión, alentar a sus vasallos para que ejerzan tranquilamente su misión respectiva, lo mismo en la agricultura, que en el comercio, que en las artes liberales, para que no se abstengan de mejorar sus fincas por miedo a que otro se las quite y para que, por miedo a los tributos, otros ciudadanos no quieran abrir nuevos cauces al comercio. Por el contrario, premiará a los que se propongan realizar tales cosas y a cuantos de cualquier modo sepan engrandecer su Estado o su ciudad.

Debe además distraer al pueblo con fiestas y espectáculos. Como los ciudadanos en todas las poblaciones están divididos en gremios de artes y oficios, procure el príncipe asistir a sus juntas y asambleas alguna vez, dando ejemplo de bondad y de grandeza, no rebajando en ningún caso la dignidad de su rango, que siempre ha de mostrar en todo lo que haga y en cualquier asunto que intervenga.

CAPÍTULO XXII. DE LOS SECRETARIOS DE LOS PRÍNCIPES

Tiene importancia para un príncipe la elección de secretario, que es bueno o malo, según la prudencia del que lo elige. Lo que mejor demuestra el juicio y el entendimiento del príncipe es advertir de qué clase de gentes se rodea. Si son capaces y fieles, es prudente, porque sabe elegirlos y que le sean fieles. Si son de otra manera, no puede formarse buen juicio del príncipe que no ha sabido elegir los más inmediatos a él.

Los que conocían a Antonio de Venapo, secretario de Pandolfo Petrucci, príncipe de Siena, se hacían lenguas del hombre que había sabido escoger tan excelente e insuperable servidor. De tres clases es la comprensión humana, porque unos discurren por sí mismos, otros comprenden lo que es susceptible de demostración y otros no entienden ni por propio ni por ajeno discurso. Los primeros son sobresalientes, buenos los segundos e inútiles de todo punto los terceros. Si Pandolfo no pertenecía al primer grupo, de seguro que habría de agruparse en el segundo, porque como uno tenga bastante inteligencia para distinguir lo bueno y lo malo que otro diga o haga, aunque le falte genio, conozca cuándo obra bien y cuándo obra mal su ministro, le premie en un caso y le llame la atención en otro, es obvio que el ministro tiene que portarse bien, porque sabe de antemano que no puede engañar al príncipe.

Hay un modo infalible para que el príncipe conozca a su ministro. Si ve que piensa más en él que en ti, y que busca su provecho personal en lo que hace, no es buen ministro ni debes fiarte de él, porque no debe pensar jamás en su persona el que tiene en sus manos las riendas de un Estado, sino en el príncipe, y jamás debe recordar a éste lo que no sea propio de su jerarquía. Pero el príncipe, si quiere conservar al buen ministro, debe honrarlo, enriquecerlo, concederle honores y preeminencias, para que, lleno de dignidades y de riquezas, no ambicione más de éstas y advierte que los cargos pueden írsele con un vaivén de la fortuna. Cuando los príncipes y los ministros son así, pueden confiar recíprocamente. En otro caso, las consecuencias desagradables serán para los príncipes.

CAPÍTULO XXIII. CÓMO DEBE HUIRSE DE LOS ADULADORES

No quiero prescindir de un punto de gran importancia en el que suelen caer los príncipes cuando no son prudentes y no saben elegir bien. Hablo de los aduladores, que tanto abundan en las cortes, porque los hombres reciben gran contento si oyen alabanzas. De tal modo se engañan obrando de este modo, que no saben defenderse de esta peste, y cuando quieren defenderse de ella corren el peligro de ser despreciados. Cuando comprendas que nadie te ofende diciéndote la verdad huirás de las. adulaciones. Sin embargo, tú crees que no se te respeta cuando debe decírsete la verdad. Así, el príncipe prudente adopta un término medio eligiendo en sus Estados hombres sabios que puedan decirle la verdad en aquello en que sean preguntados. Conviene, sin embargo, que en todo les consulte, y que oiga su opinión en todo, resolviendo luego lo que juzguen de más provecho. Y ha de portarse con estos consejeros de modo que todos comprendan lo mucho que agrádanle la libertad y la franqueza de sus consejos, salvo la crítica que se haga de los actos de gobierno, por tenacidad en la defensa de la propia opinión. Perderán los aduladores al que obre de otra manera, porque, atendiendo a pareceres distintos, cambiará frecuentemente de modo de pensar, con descrédito de su persona.

Presentaré un ejemplo moderno. Decía el clérigo Luc, hablando del emperador Maximiliano, su señor, que no se aconsejaba de nadie ni hacía cosa alguna que no estuviera de acuerdo con su modo de pensar; camino es ése que es completamente opuesto a mi consejo. El emperador es un hombre reservado; a nadie comunica sus consejos; no pide parecer a nadie; pero como se descubren y conocen al realizarlos el emperador, los que le rodean comienzan a contradecirle, y entonces los varía y los modifica. De aquí que lo hecho en un día se deshaga al siguiente, que no se sepa nunca lo que quiere o se propone hacer, y que nadie puede, de hecho, fiar en sus determinaciones.

El príncipe debe aconsejarse siempre, pero cuando él quiera consejo y no cuando lo quieran los demás. Le importa muy de veras, por lo tanto, quitar la afición a dar consejos a los que no se los pida, pero debe también pedirlos con largueza y oír pacientemente al que conteste a sus preguntas, para que la turbación que impone el respeto no impida a nadie que exprese su parecer con toda libertad.

Algunos dicen de tales o cuales príncipes que son prudentes no porque lo sean, sino porque le rodean buenos consejeros. Sin embargo, como no hay regla que no tenga su excepción, si el príncipe no es prudente, no puede ser bien aconsejado, salvo que la suerte le depare uno de esos buenos consejeros que en realidad gobierne en su nombre. Entonces el reino estará bien gobernado, pero el príncipe correrá el riesgo de ser reemplazado por el gobernador. El príncipe que no sea sabio, como reciba el consejo de varios, oirá pareceres opuestos que no sabrá conciliar. Cada consejero opinará con arreglo a su conveniencia y no podrá distinguir las opiniones aceptables de las que merezcan ser excusadas. Cosa que sucederá siempre porque los hombres son malos si la necesidad no les obliga a ser buenos.

Conviene, pues, que los buenos consejos, procedan de quien procedan, parezcan nacidos del príncipe y no de los consejeros que le rodean.

CAPÍTULO XXIV. POR QUÉ LOS PRÍNCIPES DE ITALIA HAN PERDIDO SUS ESTADOS

Teniendo presentes estas reglas, un príncipe nuevo gobernará con tanta prudencia sus Estados como si fuera príncipe hereditario, porque los actos de aquél se comentan más que lo de éste, y cuando los súbditos gustan de ellos, lejos de atreverse contra el soberano, le estiman más que si fuera señor por derecho sucesorio, pues se preocupan más de las cosas actuales que de las pretéritas, y como las presentes sean buenas, las aplauden, sin consentir mudanzas, defendiendo espontáneamente al príncipe, mientras se conduzca bien. De ese modo alcanzará la doble gloria de fundar una nación nueva, regida por leyes nuevas, nuevo ejército, buenos aliados y excelentes ejemplos. Como es doble la vergüenza del que siendo príncipe por nacimiento pierde la soberanía a fuerza de imprudencias.

Si se examina la conducta de los príncipes que han perdido en Italia sus Estados, el rey de Nápoles, el duque de Milán y otros que no cito, se verá que todos se han equivocado en las cosas que atañen al ejército, por los motivos que hemos explicado detenidamente; que otros se han enemistado con sus pueblos, pues aun siéndoles éstos fieles, no supieron contener la ambición de los poderosos. Sin faltas tan graves no pueden perderse Estados de tanta importancia como éstos que pueden mantener un ejército en pie de guerra.

Filipo de Macedonia, el vencido por Tito Quintio, que no el padre de Alejandro Magno, poseía un Estado que no podía colocarse a la altura ni de Roma ni de Grecia. Le atacaron los griegos y los romanos; pero como era buen militar, sabía atraerse al pueblo y dominar a los nobles, logró mantener la guerra todo el tiempo que quiso contra romanos y contra griegos. Perdió algunas ciudades, pero conservó su trono. Nuestros príncipes, poseedores de sus principados durante mucho tiempo, tienen que culpar, por haberlos perdido, no a su mala estrella, sino a su falta de previsión, pues no habiendo pensado en la paz en las mudanzas que pudieran originarse —ya que los hombres no se curan de la tempestad durante la calma—, al llegar las adversidades, huyeron en lugar de defenderse, esperando que los pueblos les llamarían de nuevo cuando se hartasen de la insolencia de los invasores. Excelente pensamiento, a falta de otro mejor y buen remedio cuando no se sabe echar mano de otros. No nos dejemos caer en la esperanza de que otros nos ayudarán a levantarnos, lo cual no sucede siempre, y si sucede, es expuesto para el caído, porque no sabe defenderse muy honrosamente. La mejor defensa, la más segura y duradera es la que depende de tu persona y de tu valor.

CAPÍTULO XXV. DE LA INFLUENCIA DE LA EOBTUNA EN LAS COSAS HUMANAS Y DEL MODO DE VENCERLA CUANDO NO NOS ES FAVORABLE

Unos han creído y otros siguen creyendo que las cosas de este mundo las dirigen Dios y la fortuna, sin que la prudencia de los hombres influya en su mudanza y sepa ponerlas remedio, de modo que debemos entregamos a la propia suerte porque es inútil que nos preocupemos por lo que nos haya de suceder. Esta opinión parece que ha sido reforzada en nuestros días ante los cambios que se han visto y se siguen viendo a todas horas, superiores a la previsión humana. Algunas veces, meditando en ellos, he llegado a inclinarme a pensar también así; pero como creo en nuestro libre arbitrio, me atrevo a aventurar el juicio de que si de la fortuna depende la mitad de nuestros actos, los hombres dirigimos cuando menos la otra mitad.

Comparo a la fortuna con un río de corriente caudalosa que, cuando sale de madre, derriba árboles, derriba casas, arranca terrenos de una parte y los lleva rápidamente a otra. Todos huyen del ímpetu de sus aguas, las cosas ceden ante su ímpetu formidable, cosa que no impide que, al tomar el río a su cauce natural, los hombres construyan diques y pantanos para precaver las inundaciones y las crecidas en lo posible.

La fortuna es omnipotente cuando no tiene una fuerza ordenada que la resista, actuando con renovado empuje allí donde sabe que no hay dique alguno que se oponga a su paso. Mirando a Italia, teatro donde gusta de provocar trastornos, ve que es tierra sin reparos ni defensas, y que si tuviera ciertos diques, como los tienen Alemania, Francia, y España, la inundación no hubiera causado tan enormes estragos, y que acaso no hubiera existido inundación.

Ya es bastante lo que hemos dicho para hacer frente a la mala fortuna. Pero fijándome en los casos particulares, añadiré que no es raro ver hoy cómo pasa un príncipe de la prosperidad a la desgracia, sin que cambie en su carácter y en su fortuna, lo que depende sobre todo de las causas que antes señalé, porque fiando el príncipe únicamente en su fortuna, cae en desgracia cuando ésta cambia. Yo creo que prospera todo el que se acomoda a la condición de los tiempos y que no puede prosperar el que sigue el opuesto sistema. Los hombres proceden de muy diverso modo para lograr la meta de sus aspiraciones, la gloria y la fortuna. Unos obran con discernimiento, otros sin meditar lo que hacen, otros con violencia, otros con astucia, con impaciencia, con calma, y por todos los caminos llegan a su propósito. De dos que siguen la misma senda, uno llega a la meta y el otro no. Otros que proceden, ora con calma, ora sin ella, logran igualmente su propósito, lo que depende de que acomodan o dejan de acomodar su experiencia a los tiempos que corren. De aquí nace que, como ya he dicho, dos que obran de distinto modo logran igual fin, y que de otros dos, que hacen lo mismo, uno logra su fin y otro no lo logra. Y de aquí brotan también las mudanzas del éxito, porque hay épocas en que toda precaución y toda prudencia son pocas y suelen aprovechar al príncipe que las emplea. Pero otro camina a su derrumbamiento, sin que cambie de conducta, porque son los tiempos los que cambian.

Por prudente que sea un hombre, no sabrá nunca acomodarse demasiado a estas variaciones, ya porque no sepa prescindir de sus inclinaciones naturales, ya porque habiéndole resultado bien un procedimiento, no llega a convencerse de que conviene abandonarlo alguna vez. El calmoso y el reflexivo suele perderse porque no sabe obrar con diligencia y con presteza cuando tiene que obrar así. Si uno pudiese cambiar de naturaleza como cambian los tiempos y las cosas es seguro que jamás variaría de fortuna.

El Papa Julio II procedió siempre impetuosamente, pero le salieron bien las cosas porque su carácter casaba y concertaba a maravilla con su época. Véase su primera empresa, lo que hizo en Bolonia, viviendo Juan Bentivoglio. La conquista de Bolonia desagradaba a Venecia; Francia y España discutían si era o no era el momento oportuno; pero Julio II, con su indomable energía, dirigió personalmente la operación guerrera, con lo que contuvo a Venecia por miedo y a España porque deseaba apoderarse de todo el reino de Nápoles. Además logró el Papa Julio que le ayudara el monarca francés, el que, en vista de su resolución y deseoso de conservar su alianza para humillar a los venecianos, creyó que no podía negarle su apoyo sin inferirle una grave ofensa.

Así es que el Papa Julio realizó impetuosamente lo que ninguno otro Pontífice cargándose de prudencia hubiera conseguido, porque si hubiera esperado a que todo estuviese listo cuando salió de Roma, como hubiera hecho cualquier otro Papa, es seguro que fracasaría en el intento, porque el rey de Francia le hubiera dado mil excusas y los otros le hubieran puesto mil reparos.

No hablaré más de los actos de Julio II. Todos son por el estilo y todos tuvieron un éxito excelente, impidiéndole su corta vida conocer la circunstancia de la fortuna, pues si le tocan tiempos en que hubiera debido meditar serena y reflexiva mente sus empresas, se hubiera derrumbado a buen seguro como no hubiese cambiado los procedimientos a que le llevaba su carácter.

En conclusión: variando la fortuna, como los hombres se empeñen en no variar de conducta, prosperarán mientras los tiempos se atemperen a ella y fracasarán cuando no se dé este concierto. Vale más ser precavido que circunspecto, porque la fortuna es mujer, de modo que para dominarla hay que tratarla sin miramientos, demostrando la experiencia que sale vencedor de ella el que la fuerza y no el que la respeta. Como mujer, es siempre amiga de la juventud, porque los jóvenes son con ella poco considerados y muy audaces y vehementes.

CAPÍTULO XXVI. INVOCACIÓN PARA LIBERTAR A ITALIA DE LOS BÁRBAROS

Reflexionando sobre lo que he escrito y discurriendo si los tiempos actuales son a propósito para que un príncipe nuevo, prudente y virtuoso establezca nuevas instituciones, honrosas para él y buenas para la generalidad de los hombres, entiendo que concurren tantas circunstancias en favor de estas innovaciones, que difícilmente se encontrará coyuntura más favorable. Y si hacía falta que para apreciar las dotes de Moisés el pueblo de Israel viviera esclavo en Egipto, que los medos oprimieran a los persas para conocer la grandeza de Ciro y que los atenienses se encontrasen dispersos y desunidos para estimar las excelentes condiciones de Teseo, así ahora mismo, para aquilatar el valor de un genio italiano, era preciso que Italia llegase a la triste situación en que hoy se encuentra, siendo más esclava que los judíos, soportando mayor servidumbre que los persas, viviendo más desunidos sus habitantes que vivieran los atenienses, sin caudillo, sin organización, batida, robada, destrozada, pisoteada entre una legión de calamidades. Y aunque en los principios pudo esperarse que alguno era el llamado por Dios para redimirla, vióse luego que le abandonaba la fortuna en medio del camino, de modo que hoy, casi moribunda, espera al que ha de curar sus heridas, acabar con los saqueos y los robos de Lombardía, de Nápoles y de Toscana y libertarla de las plagas que sufre desde hace largos años.

Contemplemos a esta desdichada Italia rogando a Dios que le envíe caudillo capaz de redimirla de la feroz insolencia de los bárbaros. Véase que está resuelta a seguir una bandera siempre que se encuentre con un abanderado.

Pero de nadie puede esperar Italia su redención como no sea de vuestra ilustre Casa, tan grata a los ojos de Dios y de la Iglesia, porque posee la virtud y la sabiduría indispensables a las grandes empresas. No le será difícil a vuestra Casa la redención de Italia, estudiando la vida y los actos de los grandes hombres, porque si estos hombres extraordinarios aparecieron rara vez, al fin y al cabo fueron hombres, y ninguno tuvo una ocasión tan propicia como la actual. No conozco empresa más fácil ni más justa, y a nadie ha favorecido tanto la Providencia como a vos. Toda guerra es justa cuando es necesaria, y debe apelarse a las armas cuando las armas son el último recurso que le queda a un pueblo. Las vicisitudes son, por otra parte, favorables, y cuando llega la oportunidad, la empresa es fácil, siempre que se sigan los ejemplos que para tales casos he citado. Además, se conocen las extraordinarias señales con que Dios expresa su voluntad; el mar dividió las aguas, una nube señaló un sendero, brotó agua de una roca y cayó del cielo el maná. Todo se manifiesta en vuestra grandeza; haced Vos lo demás. Dios no quiere ejecutarlo todo, para dejar a nuestra libertad la porción de gloria que nos pertenece.

No debemos admirarnos porque alguno de los italianos que he mencionado antes no haya realizado lo que yo espero que realice vuestra ilustre Casa. Si en tantas revueltas y en tantos disturbios como ha padecido Italia parece quebrantado el valor militar de los italianos, es debido a que no era buena la organización de los ejércitos antiguos y a que ninguno ha querido reformarla. Un príncipe nuevo se cubre de esplendor con las leyes y con las instituciones que establece. Cuando descansan en buenos fundamentos y responden a necesidades verdaderas le hacen digno de todas las consideraciones y de todos los respetos. No faltan cosas dignas de reformarse en Italia, porque, aunque la masa de la nación es vigorosa, carece de buenos jefes. En desafíos y en combates y en escaramuzas la superioridad de los italianos en fuerza, destreza e ingenio es notoria a todos; pero de poco o de nada sirven estas excelencias entre ejércitos, lo cual es seguramente culpa de los caudillos. Los generales que saben su profesión, y todos se imaginan que la saben, son desobedientes, salvo el caso de que alguno sea tan valeroso y tan afortunado que los demás se crean obligados a servirle. Por eso, en tantas guerras como ha tenido Italia durante los últimos veinte años han marchado mal los ejércitos formados exclusivamente de italianos. Fijémonos en las batallas de Taso, Alejandría, Capua, Génova, Vaila, Bolonia y Mestri.

Si vuestra ilustre Casa quiere seguir las huellas de los hombres famosos que salvaron a su patria, debe organizar, ante todo, un ejército nacional que sirva de excelente fundamento para empresa de tal calidad, pues no es posible que haya más fieles y mejores soldados, pues siendo cada uno de ellos bueno, el conjunto será excelente cuando vean que los manda, mantiene y recompensa su príncipe. Es indispensable, para que el valor italiano luche con los extranjeros, organizar ejércitos de esta clase, pues aunque tienen fama de invencibles la infantería suiza y la española, hay defectos en las dos, de modo que otra mejor organizada, no solamente podrá luchar con ambas, sino luchar con ellas ventajosamente. Los españoles no saben resistir el empuje de la caballería y los suizos temen a la infantería, que se muestra tan tenaz en la lucha como ellos. Así se ha visto por experiencia que los españoles no resisten el empuje de la caballería francesa y que los suizos son derrotados y batidos por la infantería española. Aunque de esto último no se sepa mucho a fondo, me fijo en un detalle ocurrido en la batalla de Ra vena, donde la infantería española combatió con la alemana, organizada a la usanza de los suizos. Aprovecharon los españoles la destreza de sus cuerpos y de sus broqueles, penetraron en las filas alemanas, y hubieran acabado con éstas sin remedio a no librarles el ataque de la caballería francesa, que contuvo a los infantes españoles. Conocidos los defectos de las dos clases de infantería de que me he ocupado, puede establecerse una nueva que resista a los caballos y no tema a los infantes, sin que sean precisas armas nuevas, sino una organización más excelente. Reformas de esta clase son las que acreditan la fama y la grandeza de un príncipe nuevo.

No debe perdonar Italia la coyuntura de que vea aparecer su redentor al cabo de tanto tiempo. No sabría decir con cuánto amor, con cuánto afecto le recibirían en todas las provincias que han padecido las invasiones extranjeras, cuánta sería su sed de venganza, qué ciega su fidelidad, qué abundantes sus lágrimas de gratitud. ¿Qué puerta permanecerá cerrada? ¿Qué pueblo se negará a la obediencia? ¿Qué dificultades pondrán los envidiosos? ¿Qué italiano será capaz de no prestarle obediencia?

A todos envilece esta dominación de los bárbaros. Acometa, en fin, vuestra ilustre Casa con el ánimo y la esperanza con que se acometen todas las gestas gloriosas, a fin de que a la sombra de su enseña se ennoblezca nuestra patria y pueda realizarse aquel dicho del Petrarca:

Virtú contra furore

Renderà l' arme; e pà'l cunbatter corto:

Use l'antico valore

Nes'italici cor non è ancor morto.

FIN